COUR DES PAIRS.

ATTENTAT DES 12 ET 13 MAI 1839.

INTERROGATOIRES
DES ACCUSÉS.

IIe SÉRIE.

COUR DES PAIRS.

ATTENTAT DES 12 ET 13 MAI 1839.

INTERROGATOIRES

DES ACCUSÉS.

IIe SÉRIE.

PARIS.
IMPRIMERIE ROYALE.

JANVIER 1840.

COUR DES PAIRS.

ATTENTAT DES 12 ET 13 MAI 1839.

INTERROGATOIRES

DES ACCUSÉS.

2e SÉRIE.

INTERROGATOIRES DE BLANQUI.

BLANQUI (Louis-Auguste), *âgé de 34 ans, demeurant à Gency, près Pontoise (Seine-et-Oise).*

1er interrogatoire subi, le 15 octobre 1839, devant M. Mérilhou, Pair de France, délégué par M. le Chancelier.

D. Quels sont vos nom et prénoms, âge et domicile?

R. Auguste Blanqui, âgé de 34 ans, demeurant à Gency, près Pontoise (département de Seine-et-Oise).

D. Où avez-vous été arrêté?

R. Je ne sais en quelle rue, montant en diligence.

D. Vous êtes accusé, par arrêt de la Cour de Pairs, d'avoir pris part, les 12 et 13 mai, à un attentat ayant pour but le renversement du Gouvernement. Qu'avez-vous à répondre?

R. L'accusé déclare qu'il a répondu aux premières interpellations qui lui ont été faites, en tant que ces réponses pouvaient être nécessaires pour constater son identité, mais que son intention est de ne pas répondre à d'autres questions. Il demande donc qu'il soit constaté qu'il ne veut pas répondre.

D. N'aviez-vous pas écrit à *Armand Barbès* une lettre ayant pour objet de l'engager à venir à Paris, pour prendre part à l'exécution de cet attentat?

L'accusé dit ne vouloir pas faire de réponse.

D. N'avez-vous pas pris part à diverses réunions qui ont eu pour objet de préparer l'exécution de l'attentat?

Pas de réponse.

D. N'avez-vous pas signé une proclamation dans laquelle vous êtes désigné comme commandant en chef de l'armée républicaine?

L'accusé persiste à ne pas répondre.

D. Je vous représente l'imprimé de cette proclamation, lequel porte votre nom imprimé, comme signature.

L'accusé refuse de répondre.

D. Je vous représente une enveloppe de lettre adressée à *Armand Barbès*, au dos de laquelle se trouvent quelques lignes commençant par ces mots : *Je prie M. Carle,* etc. Qu'avez-vous à dire?

L'accusé déclare ne vouloir rien répondre.

D. Nous vous interpellons de répondre si vous reconnaissez l'écriture de ce billet comme étant de votre main.

L'accusé déclare qu'il ne veut pas répondre.

D. Plusieurs des accusés de l'attentat des 12 et 13 mai déclarent vous avoir vu à la tête des bandes, soit au pillage des armes dans le magasin des frères *Lepage,* soit à l'Hôtel-de-Ville, soit au marché

Saint-Jean, au moment des épouvantables assassinats qui ont eu lieu sur cette place. Qu'avez-vous à répondre?

L'accusé fait la même réponse.

D. Connaissiez-vous le nommé *Charles,* marchand de vin, rue de Grenelle-Saint-Honoré, n° 13?

L'accusé déclare n'avoir rien à répondre.

D. Connaissiez-vous *Martin Bernard?*

Même réponse.

Ici nous avons clos le présent interrogatoire, et après lecture, l'accusé a refusé de signer.

2e Interrogatoire subi par *Blanqui,* le 19 octobre 1839, devant M. le Chancelier de France, président de la Cour des Pairs, accompagné de M. le comte de Bastard et de M. Mérilhou, Pairs de France.

D. N'avez-vous pas été condamné correctionnellement, en 1836, à deux années de prison pour fabrication clandestine de poudre et association secrète?

R. Oui, Monsieur; ce sont des faits accomplis que je ne puis nier.

D. N'avez-vous pas alors été condamné avec *Barbès?*

R. Oui, Monsieur.

D. N'êtes-vous pas sorti de prison en vertu de l'amnistie?

R. Oui, Monsieur.

D. Ne vous-êtes vous pas mêlé depuis à d'autres associations?

R. Permettez-moi, monsieur le Président, de garder le silence à cet égard : les autres questions que vous venez de m'adresser portaient sur des faits de notoriété publique; mais, sur d'autres questions que celles-là, je suis déterminé à ne pas répondre.

D. Cette détermination de votre part paraît être la conséquence de cette règle de conduite qui est exprimée dans les règlements de l'association dont vous faites partie, et qui consiste à ne répondre à aucun magistrat instructeur. Vous avez lu le rapport à la suite duquel votre mise en accusation a été prononcée, et le compte rendu des débats sur l'attentat des 12 et 13 mai, et vous avez dû y reconnaître que votre présence sur les lieux de l'attentat a été constatée par plusieurs de ceux qui ont pris part à cet attentat?

R. J'ai lu en effet le rapport et les comptes rendus dont vous me parlez, mais voilà tout ce que je puis répondre.

D. Niez-vous vous être trouvé sur les lieux de l'attentat?

R. Je m'abstiens de répondre, Monsieur le Président.

D. Vous savez aussi qu'une proclamation a été trouvée, que votre nom se trouvait au bas comme signature, et que vous y étiez indiqué en outre comme commandant en chef des armées républicaines. Qu'avez-vous à dire?

R. Toujours la même réponse.

D. C'est-à-dire que vous ne répondez pas?

Nous avons représenté à l'accusé ladite proclamation imprimée, visée *ne varietur,* le treize mai mil huit cent trente-neuf, et lui avons demandé s'il la reconnaît.

R. Cette pièce m'a déjà été représentée dans mon premier interrogatoire.

Nous avons également représenté à l'accusé un formulaire trouvé dans les papiers d'un sieur *Alberny,* à Carcassonne, et lequel a été reconnu être de l'écriture de *Barbès,* et lui avons demandé ce qu'il avait à dire, après lui avoir fait donner lecture de ladite pièce.

L'accusé a répondu qu'il n'avait pas à s'expliquer à cet égard.

D. Il vous a été représenté à votre premier interrogatoire une enveloppe constatant que vous aviez fait parvenir une lettre à *Barbès* peu de temps avant l'attentat; et la coïncidence de cette lettre avec le retour de *Barbès* a donné à croire qu'il était revenu sur votre missive, et que vous étiez ainsi la cause de la part qu'il a prise à l'attentat. Avez-vous à vous expliquer à ce sujet?

R. Je n'ai pas à répondre à ce sujet.

D. Connaissiez-vous le condamné *Nouguès?*

R. Même réponse.

D. Lorsque vous avez été arrêté dernièrement au moment de monter dans une voiture publique, n'avez-vous pas crié: *A moi les patriotes?*

R. Je ne réponds pas officiellement à cette réponse; cela n'est pas vrai.

D. Au moment de votre arrestation, vous avez fait effort pour avaler quelque chose: on a supposé d'abord que c'était du poison, mais il a paru depuis que cette conjecture n'était pas fondée. Pouvez-vous dire ce que vous vous efforciez ainsi d'avaler?

R. Je n'ai pas à répondre là-dessus.

D. L'examen des débris saisis alors a fait reconnaître qu'il s'agissait de fragments de papiers; et en rapprochant ce fait de ce qui s'est passé lors de votre première arrestation dans l'affaire des poudres, il y a lieu de penser que c'étaient des listes de noms que vous vouliez faire disparaître. Répondez-vous à ce sujet?

R. Je n'ai pas à répondre.

D. Vous avez refusé de dire tout à l'heure si vous connaissiez *Nouguès;* cependant vous ne pouvez pas ne pas le connaître, car il a été arrêté une fois pour avoir cherché à vous arracher de force des mains des agents préposés à votre garde : d'où résulte qu'il est impossible qu'il ne vous soit pas connu, et que lui doit vous connaître parfaitement.

L'accusé dit n'avoir rien à répondre.

D. Vous persistez donc dans le système de ne pas donner même les éclaircissements qui pourraient vous être utiles, et de garder un silence absolu devant la justice?

R. Je désire ne pas répondre.

D. L'acte d'accusation dressé en vertu de l'arrêt de la Cour du 12 juin dernier vous a été signifié hier. Avez-vous fait choix d'un défenseur?

R. Je choisis pour défenseurs M. Dupont et M. Martin (de Strasbourg).

Lecture faite à l'accusé du présent interrogatoire, il a refusé de signer.

INTERROGATOIRE DE QUIGNOT.

QUIGNOT (Louis-Pierre-Rose), *âgé de 30 ans, tailleur, né à Nanteuil-le-Haudoin (Oise), demeurant à Paris, rue Saint-Denis, n° 350.*

Interrogatoire subi, le 16 mai 1839, devant M. Geoffroy Château, Juge d'instruction.

D. Vous êtes inculpé d'avoir, dans les journées des 12 et 13 mai, participé à un attentat ayant pour but le renversement du Gouvernement?

R. Je n'ai pris part à aucun attentat, ni au trouble de ces journées. Je conviens cependant qu'après avoir travaillé jusqu'à une heure, le dimanche, j'ai passé le restant de la journée, et une partie de celle du lendemain, dans la rue Saint-Martin et dans les quartiers environnants. La curiosité m'y conduisait, et je rencontrai un grand nombre de mes amis, tailleurs comme moi, et avec lesquels j'ai causé quelques instants, mais sans demeurer avec eux. Le lundi, vers une heure, je suis resté une demi-heure environ avec cinq ou six camarades, dont je ne sais pas les noms, à boire chez un marchand de vin qui demeure rue Saint-Martin, près la rue Sainte-Apolline.

D. Où avez-vous passé les nuits des 12 et 13?

R. Je n'ai pas découché une seule fois de mon domicile; j'y rentrai comme d'ordinaire, de neuf à onze heures du soir.

D. Dans quel but aviez-vous sur vous des bandes de toiles et des compresses, au moment de votre arrestation?

R. C'est un de mes amis que l'honneur me défend de nommer qui m'avait prié de les lui procurer.

D. Avez-vous déjà été arrêté?

R. Oui, Monsieur; six fois pour des inculpations politiques ou des associations, mais jamais condamné.

INTERROGATOIRES DE QUARRÉ.

QUARRÉ (Alexandre), *âgé de 22 ans, cuisinier, né à Dijon (Côte-d'Or), demeurant à Paris, rue Louis-le-Grand, n° 20.*

1er interrogatoire subi, le 13 mai 1839, devant M. Berthelin, Juge d'instruction.

D. Où avez-vous été arrêté?

R. Hier, je devais dîner à Montrouge avec un nommé Eusèbe Gillot, travaillant chez un épicier, faubourg du Temple, n° 40; étant pressé d'ouvrage, je partis vers deux heures pour aller lui dire que je ne pourrais aller dîner avec lui. Je pris par la rue Grenetat; au même moment, on se mit à tirer des coups de fusil; je me réfugiai dans une rue à côté, et je me jetai dans une maison dont la porte était ouverte, tout en face du passage Molière. Il y avait beaucoup de monde dans la cour de la maison; il y avait notamment des jeunes gens diversement vêtus, et qui avaient des fusils; ils ont voulu tirer, mais le concierge s'y est opposé. Peut-être connaîtrais-je ces jeunes gens si on me les représentait. A la brune, la garde municipale somma d'ouvrir la porte; on n'ouvrit pas de suite : elle tira des coups de fusil dans la cour, elle y pénétra, et je fus arrêté.

Jamais arrêté.

2e interrogatoire subi par Quarré, le 21 juin 1839, devant M. Zangiacomi, Juge d'instruction, délégué.

D. N'habitiez-vous pas rue Saint-Lazare?

R. J'y ai demeuré autrefois, mais en dernier lieu j'ai travaillé et j'ai couché chez le sieur *Tony*.

D. Depuis quand êtes-vous à Paris?

R. Depuis 1829.

D. Vous avez travaillé dans divers restaurants?

R. Oui, mais fort peu de temps; j'ai plutôt travaillé pour des bourgeois.

D. Ne vous êtes-vous pas lié avec divers cuisiniers?

R. Non, Monsieur, avec fort peu.

D. N'avez-vous pas travaillé avec les nommés *Flotte, Bonnefond, Bazin* et *Jubin?*

R. Je me rappelle avoir travaillé avec le nommé *Flotte* il y a environ trois ans; je ne connais pas les autres.

D. Dans le cours des années dernières n'avez-vous pas fait connaissance avec un nommé *Viot,* qui était alors garçon de salle chez son frère, restaurateur, rue Monsieur-le-Prince?

R. J'ai travaillé en extra cet hiver chez ce dernier.

D. N'avez-vous pas continué à voir *Viot?*

R. Non, Monsieur.

D. Il résulte de l'instruction que vous avez été reçu membre de la société des Saisons, il y a environ deux ans; et les renseignements que la justice possède sur votre participation dans les actes de cette association sont trop précis pour qu'il puisse s'élever de doute sur votre qualité de membre de cette société?

R. Je ne fais pas partie d'une société; je ne sais rien.

3e Interrogatoire subi par *Quarré*, le 19 juillet 1839, devant M. Zangiacomi, Juge d'instruction, délégué.

D. L'information dont vous avez été l'objet depuis votre arrestation a établi que vous aviez fait partie de la société des Saisons, que vous y aviez même le grade de *juillet*; qu'en cette qualité vous aviez, dans les premiers jours de mai, assisté chez *Charles,* marchand de vin, rue de Grenelle, à une réunion qui avait eu pour objet de s'occuper de l'insurrection alors en projet, et, de plus, que vous aviez été averti de vous rendre le 12 mai sur le théâtre de la sédition, où vous avez été arrêté?

R. Je conviens que j'ai été reçu, il y a presque deux ans, dans la société des Saisons. Je désire ne pas faire savoir qui m'y a introduit. J'y ai été reçu dans le faubourg St-Germain, je crois, rue Mazarine ou rue des Boucheries. J'ai été introduit dans une chambre inhabitée qui, je crois, était au premier. J'ai su depuis que c'était *Martin Bernard* qui m'y avait reçu : la formule de réception est celle qui a paru dans les journaux.

D. Combien de temps avez-vous été simple sectionnaire?

R. Je n'ai été que peu de temps simple sectionnaire. J'ai été *dimanche* jusqu'au mois de novembre 1838, et à cette époque je fus nommé *juillet*, et je l'étais encore lors des événements de mai dernier.

D. C'est en cette qualité que vous avez été dans le quartier Saint-Martin le 12 mai?

R. Oui, Monsieur; je croyais n'assister qu'à une revue : j'avais été invité à m'y rendre par le chef de saison.

D. A quelle heure êtes-vous sorti de chez vous?

R. Je suis sorti de deux à trois heures.

D. Comment avez-vous été averti?

R. A la revue précédente, qui avait eu lieu dans le cours de la semaine, j'avais été averti pour ce dimanche. Quelque temps auparavant on avait réuni les *juillets* dans un cabaret et on nous avait demandé de faire le dénombrement exact de nos hommes. Les *dimanches* que j'avais sous mes ordres avaient donné des renseignements, d'autres en avaient donné de leur côté, et la revue du 12 mai avait lieu en quelque sorte pour s'assurer si les *dimanches* avaient dit vrai.

D. N'aviez-vous pas assisté à une autre réunion avec d'autres chefs de la société?

R. Non, Monsieur; c'était la seule qui, à ma connaissance, ait eu lieu. Je ne connais pas les individus qui étaient venus présider. Je vous fais observer, à cet égard, que dans la société personne ne se connaissait. Les *dimanches* n'avaient de rapport qu'avec leurs sectionnaires et leurs *juillets*. Ceux-ci n'en avaient qu'avec leurs quatre *dimanches* et leurs chefs de saison; ces derniers avec les agents révolutionnaires et leurs *juillets*. J'ignore s'il existait des intermédiaires entre les premiers et le conseil exécutif.

D. Que s'est-il passé en votre présence dans le quartier Saint-Martin?

R. Lorsque je suis arrivé dans la rue Saint-Martin, je me suis assuré si mes *dimanches* étaient avec leurs semaines; je n'en ai vu que deux incomplètes : le chef de saison passa devant nous, et comme je crus que tout était fini, je renvoyai la plupart de mes hommes; mais, quelques instants après, je reçus ordre du chef de saison d'aller rue Bourg-l'Abbé. Quand j'y arrivai, on avait déjà distribué des fusils : c'était un pêle-mêle et une confusion complète, et il était facile de voir que tout principe de discipline manquait dans ces rassemblements. On criait de toutes parts que le conseil exécutif était là, et qu'on allait attaquer; d'autres voix criaient : *la proclamation, la proclamation!* Je n'ai pas vu sur les lieux Martin Bernard, mais j'ai entendu dire qu'il était là. Quant à moi, ne voyant pas mon chef de saison, je me suis cru délié, et je n'ai fait que suivre passivement le rassemblement. J'errai longtemps dans ce quartier, et, ne trouvant pas d'issue, je suis entré dans le passage Beaufort, où j'ai été arrêté.

D. Dans l'endroit où vous avez été trouvé caché, on a trouvé des fusils.

R. Beaucoup d'insurgés se sont réfugiés dans ce passage et y ont abandonné leurs fusils; quant à moi je n'en avais pas.

D. Ainsi vous déclarez n'avoir pris aucune part active à l'insurrection?

R. Oui, Monsieur, je l'affirme.

D. Pourquoi avez-vous menacé *Pons* pour ne s'être pas trouvé dans les rangs des insurgés?

R. Il est vrai que j'ai rencontré *Pons* et que je lui ai demandé pourquoi il ne s'était pas trouvé à une réunion. Il m'a dit qu'il avait travaillé ce jour-là, mais il ne s'est pas élevé entre nous d'autres explications.

D. Quel était votre chef de saison et l'agent révolutionnaire?

R. Comme c'est moi qui ai fait entrer celui qui était en dernier lieu mon chef de saison, je vous demande la permission de vous taire son nom; quant à l'agent révolutionnaire, je ne sais pas le sien.

D. Avez-vous vu *Barbès, Martin Bernard* et *Blanqui* sur le théâtre de l'insurrection?

R. Je ne connais pas *Barbès;* je ne connaissais pas non plus *Blanqui*, mais on me l'a fait voir dans la rue Bourg-l'Abbé. Quant à *Martin Bernard*, je ne l'ai vu nulle part.

D. Savez-vous de combien de membres se composait la société?

R. Non, Monsieur.

4e Interrogatoire subi par *Quarré*, le 23 juillet 1839, devant M. Zangiacomi, Juge d'instruction délégué.

D. Quel motif vous a porté à entrer dans la société secrète dont vous faisiez partie?

R. J'ai été mû en grande partie par la curiosité qui me poussait à savoir ce que c'était que les sociétés secrètes dont j'avais souvent entendu parler; je pensais aussi y trouver des lumières sur les questions d'amélioration de la classe ouvrière.

D. Avez-vous souvent vu traiter des questions politiques dans vos réunions ?

R. Non, Monsieur; il n'y avait en général d'autres discussions politiques que celles de la réception.

D. Ainsi, quand on était reçu, on savait parfaitement que la société avait un but politique?

R. Oui, Monsieur; et comme en général on croyait à la tendance des idées vers une révolution, on s'associait parce que l'association seule pouvait donner aux travailleurs assez de force pour pouvoir, dans un moment donné, amener un résultat pour eux.

D. Comment se fait-il que, croyant avoir devant les yeux la perspective d'une révolution, et les sociétés se préparant à y prendre part, on ne discutât point de questions politiques dans leur sein?

R. Comme le Gouvernement a à sa disposition une force disciplinée qui ne discute pas, on comprend qu'il était de l'intérêt des sociétés d'avoir à lui opposer les mêmes moyens : elles étaient organisées sur un pied d'obéissance toute passive de la part des inférieurs pour leurs supérieurs.

D. Et cette obéissance était acceptée au moment de l'iniation?

R. Oui, Monsieur; c'était même le seul point sur lequel on insistât; c'était la condition essentielle de l'admission.

D. Croyez-vous, en s'astreignant à une telle obéissance, que l'on sût à quoi l'on s'engageait?

R. Je ne sais si l'on croyait généralement s'engager pour un fait pareil à celui qui est arrivé; mais, dans ma pensée, je supposais qu'il était bon que dans un moment de révolution, c'est-à-dire de sédition générale, les travailleurs pussent se connaître entre eux, afin d'avoir un point d'appui, et pouvoir faire valoir leurs droits. Instruments passifs comme nous l'étions, il ne pouvait pas y avoir chez nous de pensée de complot : le complot ne pouvait exister que dans la tête de l'association; nous n'étions que les bras, et malheureusement on a fait de nous un mauvais usage.

D. Quel était donc, puisqu'il n'y était pas question de politique, l'objet de ces réunions?

R. Je pense que les chefs n'y voyaient qu'un moyen de s'assurer des sociétaires, et de les accoutumer à la discipline. Cependant il y avait aussi un côté moral; car les réunions ayant lieu plus souvent les jours de repos, on pouvait savoir par ces revues si les hommes s'astreignaient plutôt à s'y rendre qu'à aller dans des lieux de plaisir, car les dimanches et les jours de fête il n'y avait pas d'excuse pour s'en exempter.

D. Comment se passaient ces réunions?

R. On se réunissait, on constatait la présence des hommes, on les félicitait sur leur exactitude, on les engageait à remplir leurs devoirs, et puis on les renvoyait.

D. Sur l'ordre de qui avaient lieu ces réunions?

R. L'ordre partait d'en haut. Quand j'étais sectionnaire, je recevais l'ordre de mon *dimanche;* lorsque je fus *dimanche,* ce fut du *juillet.* En cette dernière qualité, le chef de saison me le communiquait; j'étais même dans l'habitude d'avertir les deux autres *juillets* de ma saison, afin qu'ils ne connussent pas mon chef de saison.

D. Il fallait donc que le *dimanche* allât avertir les six sectionnaires?

R. En général, les semaines étaient presque toujours incomplètes; pour mon compte cela m'est presque toujours arrivé : peut-être, quand elles étaient complètes, le *dimanche* partageait-il avec le *lundi* le soin d'avertir les autres membres.

D. Se connaissait-on par son nom?

R. Non, Monsieur; jamais on n'était connu que par les noms de la *semaine,* ceux de *dimanche* et de *juillet.* Même ceux que nous avions fait admettre, nous ne les désignions plus par leurs noms, une fois qu'ils étaient membres; c'était là notre garantie à tous.

D. Ainsi, quand vous étiez *juillet,* vous n'aviez à avertir que vos *dimanches?*

R. Oui, Monsieur; mais mon mois était incomplet, et je n'en avais que trois sous mes ordres; même je ne connaissais pas par leurs noms ces trois personnes, parce que j'avais été autorisé à les faire avertir les unes par les autres.

D. Lorsque la veille de l'insurrection vous avez averti vos hommes, vous deviez bien penser, vu les circonstances et les bruits qui circulaient dans la société, qu'il s'agissait d'une attaque?

R. Non, Monsieur; je ne croyais qu'à une revue, comme je vous l'ai déjà dit; d'autant que, dans une revue qui avait eu lieu à l'ouverture des Chambres, j'avais été chargé de prévenir mes hommes de ne point aller sur le théâtre de l'émeute. Je répète même que je n'ai su qu'il était question d'une attaque que quand je suis arrivé rue Bourg-l'Abbé. A vrai dire, nous nous en sommes aperçu sans qu'on nous l'ait dit. Je n'aurais pas, comme je l'avais fait, renvoyé déjà mes hommes, si j'avais cru qu'on en eût besoin, quand je reçus ordre de me rendre rue Bourg-l'Abbé, où j'ignorais ce qui se passait. Je croyais qu'il ne s'agissait que de finir la revue. Je répète encore et j'affirme de nouveau que je n'ai point pris part à la sédition; je n'ai à m'imputer que d'être resté trop longtemps sur les lieux à regarder ce qui se passait.

D. Avez-vous été quelquefois passé en revue par les chefs de la société?

R. Les chefs de la société étaient inconnus; ils l'étaient de nom et de vue; ainsi j'ai toujours ignoré officiellement que *Barbès, Blanqui* et *Martin Bernard* fussent les chefs de la société. Je me doutais bien que *Martin Bernard* approchait de la tête, mais je ne savais rien de positif. Peut-être ai-je été passé en revue par d'autres chefs, mais je ne le savais pas, et dans la société personne n'en savait plus que moi.

INTERROGATOIRES DE CHARLES.

CHARLES (Jean), *âgé de 33 ans, marchand de vin, né à Aigue-Perse (Puy-de-Dôme), demeurant à Paris, rue de Grenelle-Saint-Honoré, n° 13.*

1er interrogatoire subi, le 21 juin 1839, devant M. le Chancelier de France.

D. Vous avez été condamné une fois pour détention de poudre?

R. Oui, Monsieur, cela est vrai.

D. Ne faites-vous pas partie de la société des Saisons?

R. Je ne fais partie d'aucune société, pas même d'une société maçonnique.

D. Vous savez très-bien cependant que c'est dans votre maison que se sont tenues souvent des réunions de membres de la société des Saisons?

R. Je n'ai jamais eu connaissance de cela.

D. Est-ce que vous ne connaissez pas quelques-uns des principaux chefs de cette société?

R. Non, Monsieur, je n'en connais aucun.

D. Parmi ces chefs, il y en a au moins un que vous devez connaître, car il a été arrêté chez vous le jour même où l'on y a saisi la poudre : le nommé *Raisant.*

R. Je ne le connais pas.

D. Vous avez dû remarquer, dans la semaine qui a précédé l'attentat, qu'une réunion plus nombreuse qu'à l'ordinaire et plus animée a eu lieu chez vous.

R. Depuis longtemps j'avais moins de monde chez moi qu'autrefois.

D. Connaissez-vous *Martin Bernard?*

R. Non, Monsieur.

D. Vous avez cependant été le voir deux fois depuis quelque temps dans le lieu où il était caché, le dimanche 16 et le mardi 18 de ce mois.

R. Je ne me le rappelle pas.

D. Rien n'est plus sûr, cependant, car c'est en suivant vos pas qu'on est arrivé jusqu'au lieu où il était.

R. Comme je fais beaucoup de courses, je ne peux pas savoir où je suis allé ces jours-là.

D. Vous pouvez bien savoir si vous êtes allé voir *Martin Bernard?*

R. Je ne me le rappelle pas.

D. N'est-ce pas vous qui avez procuré à *Martin Bernard* le logement où il a été caché ?

R. Non, Monsieur.

D. Connaissez-vous le boulanger *Ardiot,* rue Mouffetard?

R. Oui, Monsieur.

D. Eh bien! c'est dans sa maison que vous avez procuré une chambre à *Martin Bernard,* et que vous êtes allé le voir deux fois.

R. Comme je fais des affaires avec M. *Ardiot,* je suis allé plusieurs fois le voir.

D. Et vous dites que vous n'avez pas fait entrer *Martin Bernard* chez lui ?

R. Oui, Monsieur.

D. Vous soutenez que vous n'êtes pas allé l'y voir?

R. Oui, Monsieur.

D. Je vous répète cependant que c'est en suivant vos pas, et par suite de la connaissance que l'on avait de vos rapports avec *Martin Bernard,* que l'on est arrivé jusqu'à sa retraite.

R. Je m'en tiens à ce que j'ai déjà dit.

2e interrogatoire subi par *Charles*, le 25 juin 1839, devant M. Zangiacomi, Juge d'instruction délégué.

D. Reconnaissez-vous pour avoir été saisis chez vous les papiers que je vous représente?

R. Oui, Monsieur.

D. Ces papiers paraissent relatifs à une souscription que vous étiez chargé de distribuer?

R. Oui, Monsieur.

D. D'où provenaient les fonds de cette souscription?

R. De divers individus que je ne connais pas, et qui me les apportaient.

D. Quelle était la destination de ces fonds?

R. C'était pour les prévenus politiques.

D. N'avez-vous pas remplacé le sieur *Raban* dans la distribution de ces souscriptions?

R. Non, Monsieur, et je ne connais pas cet individu.

D. N'avez-vous pas réparti ces souscriptions avec le sieur *Stevenot?*

R. J'ai reçu quelquefois des souscriptions de *Stevenot,* et je lui en ai remis pour les distribuer?

D. N'avez-vous pas, depuis l'événement du 12 mai dernier, donné des secours, soit en argent, soit en nature, au sieur *Martin Bernard?*

R. Je vous dirai toute la vérité à cet égard.

Dans le commencement de 1838, j'ai connu à la Force *Martin Bernard,* qui y était détenu. A sa sortie de prison, il est revenu quelquefois me voir. Quinze jours environ avant mon arrestation, je l'ai rencontré un soir sur le port Saint-Bernard : il était seul, et il me témoigna une grande joie de me voir; puis il me dit : *Toi seul peux me sauver et me rendre un grand service;* ce sont ses expressions. Il ajouta qu'il ne savait où aller, et qu'il me priait de lui chercher une chambre; je le lui promis, et il fut convenu que je le trouverais quelques jours après sur une place publique, je crois que c'est la place Dauphine, sur les dix heures du soir. J'ai cherché une chambre, d'abord inutilement; puis allant pour affaire chez *Ardiot,* et apprenant qu'il en avait une à louer, j'ai fait prix avec lui, et j'y ai mené dans la soirée *Martin Bernard* et un petit mobilier; je me suis d'autant plus hâté, que je crois qu'il couchait dehors. Depuis, je suis allé deux fois chez *Ardiot,* et j'y ai vu *Martin Bernard.*

D. Pourquoi n'avez-vous pas plus tôt donné ces renseignements?

R. J'ai eu d'abord intention de les donner; ensuite, ayant l'inquiétude que ces détails ne me compromissent, j'ai dit le contraire de la vérité.

D. Quand aviez-vous vu *Martin Bernard* pour la derniere fois?

R. Il y avait bien trois semaines.

D. Cependant l'autorité croit savoir que *Martin Bernard* est allé, le 12 mai, dans votre établissement, vers une heure.

R. Le 12 mai, je suis allé à Fontenay-aux-Roses, et n'en suis revenu que sur les quatre heures.

D. Qui est-ce qui tenait votre établissement ce jour-là?

R. C'était mon jeune homme, comme d'habitude.

D. Avec qui était *Martin Bernard* quand il est venu vous voir pour la dernière fois?

R. Il était seul, et je ne me rappelle pas à quelle heure il est venu.

D. Quinze jours environ avant les événements, n'avez-vous pas reçu dans la soirée une vingtaine d'individus à la fois?

R. Je n'ai pas fait de remarque à cet égard, parce qu'il vient journellement chez moi des francs-maçons et des tailleurs; de sorte que vingt personnes ont pu se trouver dans mon établissement sans que leur présence m'ait frappé.

D. Vous avez dû connaître la part que *Martin Bernard* a prise aux événements du 12 mai?

R. Je ne l'ai connue que par les journaux, et *Martin Bernard* ne m'en a rien dit; j'ai lu au reste fort peu cette affaire dans les journaux.

D. N'est-ce pas par vous que *Martin Bernard* recevait journellement le National?

R. Oui, Monsieur; je le donnais à mon boulanger, qui le lui remettait.

INTERROGATOIRES DE MOULINES.

MOULINES (Eugène), *âgé de 28 ans, ingénieur, né à Carcassonne (Aude), demeurant à Paris, quai Jemmapes, n° 162.*

1er interrogatoire subi, le 24 mai 1839, devant M. Zangiacomi, Juge d'instruction délégué.

D. Depuis quand habitez-vous Paris?

R. Depuis 1833, et depuis cette époque je me suis exclusivement occupé de mon état de dessinateur pour les machines; j'ai quitté Carcassonne depuis l'âge de quatorze ans.

D. N'avez-vous pas connu dans cette ville, et depuis que vous l'avez quittée, un sieur *Armand Barbès?*

R. Je pensais n'avoir à répondre ici qu'au sujet du sieur *Maréchal,* qui a été tué dans les derniers événements.

D. Je vous interpelle au sujet du sieur *Barbès;* il est à croire que vous l'avez connu?

R. Depuis l'âge de 14 ans, je n'ai eu aucune relation avec aucun habitant de Carcassonne, et je déclare ne connaître ni le sieur *Barbès,* ni sa famille.

D. Je vous fais observer que vous êtes absolument du même âge que le sieur *Barbès?*

R. Peut-être connaît-il ma famille, peut-être me connaît-il, mais je ne le connais pas.

D. D'où connaissiez-vous le sieur *Maréchal?*

D. Je l'ai connu à l'école des arts et métiers d'Angers, où il était comme moi élève : je crois qu'il y était boursier; je l'y ai quitté en 1830.

D. Vous l'avez revu depuis?

R. *Maréchal* a quitté l'école vers 1834; il fut dans son pays, d'où il revint quelque temps après : il était alors dessinateur pour la mécanique.

D. Vous avez depuis continué de le voir?

R. Oui, Monsieur.

D. Vous deviez connaître la nature de ses opinions?

R. Il était fort exalté, et c'était surtout des opinions et des derniers ouvrages de M. de Lamennais dont il était enthousiaste ; il avait même appris par cœur des passages des Paroles d'un Croyant : il les déclamait avec feu, et il paraissait prendre grand plaisir à en parler; il se mettait en fureur lorsqu'on le contredisait à cette occasion.

D. Vous attribuez donc à ses lectures cette exaltation que vous remarquiez en lui?

R. Je ne saurais le dire; mais ce qu'il y a de certain, c'est que depuis son retour il lut exclusivement les Paroles d'un Croyant et le Livre du Peuple, dans ses moments de loisir. Je me rappelle encore qu'il établissait des parallèles entre Moïse, Jésus-Christ et Lamennais.

D. A quelle époque *Maréchal* est-il revenu à Paris ?

R. Le dimanche 5 de ce mois.

D. Vous lui avez écrit pour hâter son retour?

R. Oui, Monsieur. *Maréchal* vivait avec une jeune personne nommée *Élise Menesson,* de qui même il a eu un enfant, et qu'il avait le désir d'épouser. Il était allé à Ambérieux, son pays, pour demander à sa mère son consentement ; mais cette jeune personne se trouvant dans la détresse en son absence, et inquiète de ne pas recevoir de ses nouvelles, me pria de lui écrire pour presser son retour. Comme je connaissais l'exaltation de ses opinions, je voulus les flatter, et je lui parlai des désordres qui avaient eu lieu dans Paris au commencement d'avril; ce fut même à l'instigation de cette fille Élise que je lui écrivis dans ce sens.

D. Votre lettre mérite d'autres explications. Vous y dites : *qu'il se prépare dans les entrailles de la cité un jour de jubilation et de fièvre, où nous pourrons* (ajoutez-vous) *nous enivrer du parfum de la poudre à canon, de l'harmonie du boulet, et de la conduite extra-muros de cette famille royale que nous enverrons probablement faire son tour de France pour lui apprendre à vivre*... Ce n'était point les rassemblements peu offensifs qui à cette époque eurent lieu à la porte Saint-Martin qui ont pu faire naître de telles phrases?

R. Ce n'étaient que les petits rassemblements de la porte Saint-Martin qui me faisaient parler ainsi; ce n'étaient que des suppositions, attendu que je n'ai jamais eu de relations pour la politique avec qui que ce fût.

D. Je vous fais observer que les rassemblements n'ont commencé à la porte Saint-Martin que dans les jours qui ont suivi le 4 avril, date de votre lettre, et jour de l'ouverture des Chambres.

R. On parlait dans la population de troubles prochains.

D. Vous saviez donc que l'annonce de troubles prochains était de nature à faire revenir *Maréchal* pour y prendre part?

R. Oui, Monsieur; j'étais certain qu'il s'en mêlerait, et je connaissais assez ses opinions pour cela. Je le savais en admiration devant les hommes qui ont pris part aux événements de juin et pour les accusés d'avril, dont il avait tous les portraits; je ne doutais pas qu'il ne prît part à quelque chose de semblable.

D. C'était alors lui rendre un malheureux service que de le rappeler.

R. C'était uniquement pour obliger cette jeune fille que je le faisais.

D. Depuis son arrivée jusqu'au dimanche, quelle a été sa conduite?

R. Il fit quelques courses pour chercher de l'ouvrage, porter des lettres et faire des études à l'exposition sur les machines nouvelles.

D. N'avez-vous pas remarqué qu'il fréquentât quelques hommes avec lesquels il avait des rapports politiques?

R. Non, Monsieur; mais il m'a dit deux ou trois fois qu'il allait rue de Crussol, sans me faire connaître ce qu'il y allait faire. Il est positif qu'il se cachait de moi, ce qui me surprenait, attendu notre intimité; j'ignore absolument où il allait.

D. N'avez-vous pas su qu'il avait des rapports avec un nommé *Barbès,* de Carcassonne?

R. Non, Monsieur; il ne m'en a pas parlé, mais je me rappelle que, dans d'autres occasions, il m'a parlé de *Barbès* avec admiration. Il m'a parlé également d'un sieur *Lamieussens,* qui avait, comme *Barbès,* figuré dans l'affaire des poudres; je me souviens qu'il m'a dit à l'occasion de *Lamieussens* que c'était un traître. Il me parlait de tout cela comme si je devais être au courant. Je connaissais à cette époque un sieur *Trossaille,* dont j'ignore la demeure, mais qui travaillait alors chez un sieur *Tamesier,* mécanicien, près la barrière Saint-Denis; j'ai oublié son numéro : il était lié avec *Maréchal.*

D. Vous ne savez pas si *Maréchal* a fréquenté un de ces individus?

R. Ce qu'il y a d'inexplicable pour moi, c'est qu'il ne m'a parlé de rien.

D. L'avez-vous vu dans la journée du dimanche 12 courant?

R. Oui, Monsieur; il est venu chez moi vers les dix heures du matin; car, depuis son retour, il passait toutes les nuits chez sa maîtresse : il me dit qu'il allait envoyer sa malle rue du Faubourg du Temple, n° 13, où nous avions loué ensemble une chambre pour lui deux jours auparavant; puis, sur le midi, il me quitta pour aller soi-disant rue de Crussol, me promettant de venir dîner avec moi sur les six heures; depuis je ne l'ai plus revu que le lendemain, parmi les morts, à l'hospice Saint-Louis. A cette occasion, je dois vous dire que c'est sa maîtresse qui m'a envoyé son beau-père pour m'apprendre sa mort. Ne pouvant y croire, je fus moi-même à Saint-Louis pour m'en assurer; en sortant j'allai chez *Lise,* qui me dit qu'elle avait brûlé les portraits et les papiers que *Maréchal* avait en sa possession.

D. Quel a été l'emploi de votre journée 12 courant?

R. Je suis resté chez moi jusqu'à quatre heures et demie, heure à laquelle j'appris par une locataire de notre maison que l'on se battait dans Paris; je sortis avec la dame *Gallet,* autre locataire, pour voir si ces bruits étaient fondés; je suis allé avec elle au Jardin des Plantes, puis je fus dans le nouveau domicile de *Maréchal,* pour m'assurer qu'il n'était pas rentré, et de là chez sa maîtresse; je suis revenu chez moi sur les neuf heures et demie du soir.

D. Consentez-vous à signer *ne varientur* les lettres que je vous présente comme émanant de vous?

R. Oui, Monsieur.

Et à l'instant l'inculpé a rempli, en notre présence, cette formalité.

2e interrogatoire subi par *Moulines,* le 25 mai 1839, devant M. le Chancelier de France, Président de la Cour des Pairs, accompagné de MM. le comte de Bastard, le baron de Daunant et Mérilhou, Pairs de France.

D. Êtes-vous ingénieur des ponts et chaussées?

R. Non, je suis ingénieur civil mécanicien.

D. Vous étiez fort lié avec le nommé *Maréchal,* qui a pris part à la révolte des 12 et 13 mai, et qui a été tué?

R. Oui, Monsieur.

D. Depuis combien de temps le connaissiez-vous?

R. Depuis 1829.

D. N'avez-vous pas été ensemble à l'école des arts et métiers d'Angers?

R. Oui, Monsieur; c'est là que je l'ai connu.

D. Que faisait *Maréchal?*

R. Il était dessinateur pour la mécanique.

D. N'étiez-vous pas ensemble d'une société politique?

R. Non, Monsieur.

D. Mais lui, *Maréchal,* était d'une société politique?

R. Je n'en ai jamais rien su : il se cachait de moi; car, depuis quelque temps, je lui faisais des reproches de ce qu'il voyait quelqu'un qui ne me convenait pas; or, je pense que c'est ce quelqu'un-là qui l'aura introduit dans ces sociétés.

D. Quel était ce quelqu'un ?

R. C'est quelqu'un qui travaillait chez M. *Tonnelier* quand j'étais chez lui.

D. Comment s'appelait-il ?

R. Je ne l'ai jamais connu que sous le nom de *Julien*.

D. Savez-vous s'il est encore à Paris ?

R. Je n'en sais rien; depuis deux ans que je suis sorti de chez M. *Tonnelier*, je n'en ai pas entendu parler.

D. Malgré ce que vous venez de dire, que vous ne saviez pas si *Maréchal* faisait partie de quelque société politique, vous saviez quelles étaient ses opinions?

R. Oui, Monsieur; il ne s'en cachait pas avec moi : il était très-ardent, très-enthousiaste, et, autant que je le pouvais, je changeais la conversation quand elle tombait sur la politique, parce qu'il finissait toujours par se mettre en colère.

D. Ce que vous dites de votre répugnance à causer avec *Maréchal* de ses opinions politiques ne s'accorde guère avec une lettre que vous lui avez écrite, qui vous a été représentée, et que vous avez reconnue?

R. Oui, Monsieur; je l'ai reconnue et j'en ai donné l'explication à M. le juge d'instruction.

D. Cette explication est tout à fait incompatible avec les espérances que vous exprimez dans cette lettre.

R. Je conviens bien que cette lettre est contre moi, qu'elle me condamne, mais j'ai dit la vérité. Depuis longtemps sa maîtresse me pressait de lui écrire; je l'ai fait à la hâte, sans trop savoir ce que j'écrivais, sur le ton de la plaisanterie, et sans avoir relu ma lettre.

D. Il y a un fait qui vous condamne plus encore que vous ne le supposez : il semblerait, d'après vos réponses précédentes, que cette lettre aurait été écrite à l'occasion des troubles qui ont eu lieu à la suite de l'ouverture des Chambres; et cependant cette lettre précède, par sa date, les faits qui suivant vous l'auraient dictée.

R. Je ne suis jamais exact pour les dates; au surplus, la seconde partie de ma lettre sert de justification à la première, puisque j'y exprime la crainte que les hommes positifs ne suffisent pas à arrêter les troubles qui se préparaient.

D. Quoi que vous puissiez dire, cette lettre prouve que vous étiez initié aux projets des gens qui se préparaient à jouer un rôle dans les troubles qui ont eu lieu.

R. J'étais très-lié avec *Maréchal;* il faisait partie de sociétés secrètes, puisqu'on a trouvé sur lui des cartes; mais sans doute on lui avait fait prêter serment de ne rien révéler, et on l'aurait coupé par morceaux plutôt que de lui arracher son secret. Je n'ai donc rien appris par lui, *Maréchal;* d'ailleurs, il savait que je ne partageais pas ses opinions, et toutes les fois que nous parlions politique, nous étions au moment de nous battre. Ce que je voulais, en écrivant à *Maréchal,* c'était le faire venir à Paris pour se marier; je n'avais pas d'autre intention.

D. N'avez-vous pas connu à Carcassonne le nommé *Barbès?*

R. Je connaissais ce nom, mais non cette famille; depuis quatorze ans, je n'ai aucune relation avec Carcassonne. Quand j'ai appris par M. le juge d'instruction que *Barbès* était de Carcassonne, j'ai pensé que cela pouvait me compromettre, et j'ai dit : voilà encore un malheur pour moi.

D. Vous n'avez jamais entendu *Maréchal* parler de ses relations avec *Barbès?*

R. Non, Monsieur. Dans le temps du procès des poudres, à ce que je crois, *Maréchal* me parla de *Barbès*, de *Lamieussens.* Il eût été très-fier d'avoir des relations avec *Barbès*, et, s'il en avait eu, je crois qu'il m'en aurait dit quelque chose.

D. Vous n'avez aucune idée du lieu où peut être retirée la maîtresse de *Maréchal?*

R. Non, Monsieur.

D. Connaissez-vous une dame *Laponneraye?*

R. C'est la mère de M. *Laponneraye*, rédacteur du journal l'Intelligence, auquel *Maréchal* était abonné. J'ai vu cette dame, il y a cinq ans, étant allé acheter une livraison de l'Histoire des Papes, dans le faubourg Saint-Denis, où elle demeurait alors.

D. Savez-vous si *Maréchal* connaissait cette dame?

R. Je ne le crois pas; il m'en eût dit quelque chose.

D. Avez-vous su si *Varin,* le mari de la mère de mademoiselle *Lise,* la maîtresse de *Maréchal,* était initié aux projets de *Maréchal?*

R. *Maréchal* ne se serait jamais confié à *Varin.* Je reviens à la lettre que j'ai écrite à *Maréchal :* je l'ai écrite sous la dictée de mademoiselle *Lise,* qui me dit, pour faire venir plus sûrement *Maréchal,* de lui écrire qu'on se battait dans Paris.

D. Quel a été l'emploi de votre temps dans la journée du 12 mai?

R. Si Monsieur le Chancelier le permet, je me référerai aux explications détaillées que j'ai données à M. le juge d'instruction sur l'emploi de ma journée.

D. Qu'entendez-vous par ces expressions de votre lettre, que vous êtes pour le moment un sublime rayon du soleil levant?

R. Par *soleil levant,* j'entends *Paris,* centre des lumières, où j'étais pour le moment.

D. Le mot *soleil levant* n'indiquerait-il pas plutôt un chef du mouvement qui se préparait, dans les projets duquel vous auriez été initié?

R. Cette interprétation serait bien grave pour moi.

D. Vous comprenez que quand on dira à une assemblée d'hommes éclairés et impartiaux, que c'est vous qui avez fait venir à Paris *Maréchal,* qui a joué un tel rôle dans l'insurrection, qu'il y a été tué, personne ne croira que vous n'aviez pas une sorte de mandat, pour lui écrire comme vous l'avez fait.

R. Je vous jure que ce n'est pas dans cette intention que j'ai écrit à *Maréchal; Maréchal,* d'ailleurs, ne me disait pas tout, et était allé deux ou trois fois rue de Crussol sans me le dire, et j'en ai été très-blessé.

D. Chez qui allait-il rue de Crussol?

R. Je ne l'ai pas su.

D. *Maréchal* vous a-t-il quelquefois parlé des projets des sociétés secrètes?

R. Il parlait souvent de sociétés secrètes, de sections; il ne s'en cachait pas, mais il ne m'a jamais parlé des projets des sociétés.

D. Vous avez parlé de discussions politiques que vous aviez avec *Maréchal;* sur quoi portaient ces discussions?

R. *Maréchal* voulait l'égalité, la république de 1793, le rêve de tous les républicains; moi je lui disais que le gouvernement constitutionnel était bien préférable.

D. Puisque *Maréchal* voulait la république de 93, et par conséquent le renversement du Gouvernement, il a dû vous parler des moyens à l'aide desquels il espérait y arriver?

R. Depuis plusieurs années, nous ne traitions plus le fond de la question. En 1834 et 1835 il parlait de barricades, d'émeutes; c'était toujours le même moyen. Depuis il ne parlait plus que de M. *de Lamennais,* dont il citait souvent les ouvrages; je lui laissais lire son *Lamennais,* parce que j'aime la forme de ses ouvrages, que je trouve supérieurs à la Bible même, dont je suis très-amateur; mais quand il parlait de la république de 93, je l'arrêtais.

3e interrogatoire subi par *Moulines,* le 1er juin 1839, devant M. le Chancelier de France.

D. Vous avez été interrogé deux fois; le résultat de vos interrogatoires a été en général peu satisfaisant. Il est impossible, en effet, de supposer que, lié comme vous l'étiez avec *Maréchal,* avec sa maîtresse; ayant passé avec *Maréchal* les derniers instants qui ont précédé l'attentat; auteur de la lettre trouvée sur lui, vous n'ayez pas plus de connaissance que vous ne l'avez dit des actes auxquels *Maréchal* a pris part. Quel est l'homme qui demeure rue de Crussol, et chez lequel vous avez dit vous-même que *Maréchal* allait quelquefois?

R. Je n'en sais rien du tout; je n'en ai pas le plus léger indice.

D. Vous connaissiez l'exaltation politique de *Maréchal;* vous deviez savoir quels étaient les hommes politiques avec lesquels il était en relations?

R. Je sais qu'il était abonné au journal l'Intelligence, mais je ne connais aucun nom politique; d'ailleurs j'ai déjà dit que nous ne parlions presque jamais de politique.

D. Ceci est en contradiction formelle avec la lettre que vous avez écrite à *Maréchal,* et qui est la provocation politique la plus manifeste.

R. Tout mon malheur est dans le mot *nous,* que j'ai eu le tort d'employer.

D. Je vous fais remarquer que ce que vous annoncez à *Maréchal* est arrivé; vous en aviez donc connaissance?

R. C'est un hasard bien malheureux pour moi; mais ce n'est absolument que du hasard.

D. En commentant la lettre que vous avez écrite, vous avez argumenté en votre faveur de la phrase dans laquelle vous parlez des hommes positifs que vous craignez qui ne soient pas assez forts. Par hommes positifs, n'entendez-vous pas les hommes d'action qui, suivant vous, n'auraient pas été assez forts, et que vous vouliez appeler et réunir à Paris?

R. Ce ne peut être là le sens de cette expression d'hommes positifs, puisque je dis dans la même lettre : Dieu veuille nous épargner cette épreuve !

D. Par ces mots vous entendiez peut-être parler de la crainte de l'insuccès?

R. Non, Monsieur, je n'avais pas du tout cette pensée-là. Je vous fais remarquer qu'on a saisi deux autres lettres, dans lesquelles il serait possible de trouver des choses qui viendraient à ma justification.

D. Dans la journée du 12, vous êtes allé chez la fille *Lise,* pour trouver *Maréchal;* ne l'y ayant pas trouvé, vous avez causé avec cette fille : que vous a-t-elle dit?

R. Elle me dit qu'étant allée rue Saint-Denis, pour chercher *Ma-*

réchal, elle avait vu un petit chef de section qui excitait les autres. Je ne sais pas bien si ce n'est pas à l'hôpital Saint-Louis, le lundi, quand nous y étions ensemble pour chercher *Maréchal,* qu'elle me dit, comme je lui montrais un petit jeune homme en blouse bleue qui était là parmi les morts : « Je crois que c'est le petit chef de section que j'ai vu hier. »

D. A quelle heure la fille *Lise* est-elle allée dans le logement de *Maréchal* pour visiter sa malle?

R. Je n'ai aucune connaissance de cela.

D. Quels sont les papiers que cette fille a brûlés?

R. Je ne sais si elle a brûlé des papiers chez *Maréchal;* je ne le crois pas, car dans ce cas elle aurait sans doute brûlé ma lettre, et je ne serais pas ici. A ma connaissance, la fille *Lise* a brûlé quelques portraits des détenus d'avril qui avaient appartenu à *Maréchal,* et qui avaient été transportés chez elle lors du déménagement.

D. N'étiez-vous pas du nombre de ceux qui ont conduit au cimetière les restes de *Maréchal ?*

R. Non, Monsieur.

D. Connaissez-vous la personne chez laquelle la fille *Lise* est allée en sortant de chez sa mère?

R. Non, Monsieur.

D. Avez-vous su qu'elle était sortie de chez sa mère.

R. Je l'ai su par le commissaire de police, qui m'a demandé si je savais où elle était.

D. Je termine cet interrogatoire comme je l'ai commencé, en vous engageant à faire de sérieuses réflexions et à comprendre que, dans une situation aussi mauvaise que la vôtre, ce que vous avez de mieux à faire, c'est de dire tout ce que vous savez?

R. Il y a dans ma lettre faute d'écriture et non faute de cœur. Je suis étranger au complot ; je le soutiendrai jusqu'à la mort.

4e interrogatoire subi par *Moulines,* le 31 juillet 1839, devant M. Zangiacomi, Juge d'instruction, délégué.

D. La déclaration que vient de faire en votre présence la fille *Menesson* a une gravité dont vous devez comprendre l'importance, car elle vous attribue la pensée de la lettre qui a fait revenir à Paris *Maréchal,* par l'annonce qu'elle contenait de l'événement qui s'est accompli le 12 mai dernier.

R. Je crois, au contraire, qu'elle vient de convenir que c'était elle qui en avait eu la pensée.

D. Elle sera de nouveau confrontée avec vous.

Ayant fait revenir dans notre cabinet la fille *Menesson,* elle dit qu'elle avait sur tout cela des idées confuses, qu'il s'était déjà passé beaucoup de temps depuis cette époque, qu'elle croyait que c'était le sieur *Moulines,* mais qu'elle ne pouvait affirmer si c'était bien lui qui avait eu seul l'idée de la lettre.

Ayant fait retirer la fille *Menesson,* nous avons adressé au sieur *Moulines* les questions suivantes:

D. Outre cette déclaration de la fille *Menesson,* l'instruction a encore fourni contre vous diverses charges que nous devons vous faire connaître; vous connaissez un sieur *Avril,* capitaine, qui demeurait dans la même maison que vous?

R. Je le connais de nom, mais je lui ai peu parlé.

D. Cependant, le 11 mai dernier, vous avez passé une partie de la journée avec lui?

R. C'est possible; mais je n'ai passé avec lui qu'une heur demi-heure tout au plus.

D. Vous rappelez-vous quel a été le sujet de votre conversation avec lui le 11?

R. Il m'est bien impossible de dire cela.

D. Il est remarquable que vous l'ayez beaucoup interrogé, ce jour-là, sur la manière dont on se retranchait lorsqu'on se battait.

R. Je n'ai pas le moindre souvenir de cela.

D. Cet officier ajoute que vous lui avez fait une foule de questions sur les opérations militaires, et particulièrement sur la manière de se retrancher.

R. Je ne me rappelle pas cela : il ne serait pas impossible que je lui eusse fait des questions relatives à son art.

D. Je vous fais observer que ces conversations sont de nature à prendre de l'importance, attendu la connaissance que l'on suppose que vous aviez de l'insurrection prochaine.

R. Je n'avais aucune connaissance de ce qui s'est passé, et la preuve c'est que je ne serais pas resté au jardin à jouer avec des enfants.

D. Le même jour 12, vous avez demandé à votre maître d'hôtel de vous confier ses armes.

R. Je n'ai nullement demandé des armes au sieur *Gatinot.*

D. Il paraîtrait que vous auriez voulu les emporter sous prétexte qu'elles étaient rouillées, que vous lui auriez offert de les nettoyer.

R. Le soir lorsque je suis revenu du Jardin des Plantes, encore tout ému des coups de fusil que j'avais entendus, j'eus des inquiétudes pour notre maison, qui est située dans un quartier mal habité et dangereux, et je crois me rappeler que je manifestai ces craintes au sieur *Gatinot,* il ne serait pas impossible que je lui eusse demandé s'il avait des armes.

D. Il résulterait de la déposition du sieur *Gatinot,* que vous lui auriez offert de mettre en état son fusil.

R. Comment aurais-je pu me charger d'une chose que je ne sais pas faire, car j'ignore quel est le mécanisme d'un fusil.

D. Avez-vous demandé positivement le fusil au sieur *Gatinot?*

R. Non, Monsieur; je lui ai demandé s'il avait des armes, mais je ne l'affirme pas : en tous cas, je n'aurais jamais osé sortir avec, et ne lui ai pas demandé d'emporter son fusil.

D. Le sieur *Gatinot* n'est pas le seul à qui vous ayez demandé des armes.

R. Il est le seul que j'aie vu dans la soirée.

D. N'avez-vous pas demandé au marchand de vin, *Charton,* de vous confier son fusil?

R. Non, Monsieur; cet homme a la réputation d'être un mouchard, et je n'aurais pas été assez imprudent pour lui faire une pareille demande.

D. Ce marchand de vin ne vous a-t-il pas dit qu'il ne sortait pas, et que son fusil ne sortirait pas non plus?

R. J'ai déjà dit que je ne lui avais pas parlé.

D. Je vous fais observer que ces demandes que vous avez faites à ces deux personnes de vous prêter leurs fusils, que ces conversations que vous avez eues avec le sieur *Avril,* viennent donner beaucoup de force aux présomptions si graves qu'élevait déjà contre vous la lettre que vous avez écrite à *Maréchal.* En présence de telles charges, je vous invite de nouveau à dire ce que vous connaissiez des événements qui ont eu lieu.

R. Je ne connaissais rien, j'ai dit tout ce que j'avais à dire.

D. Enfin, ce qui est le plus décisif contre vous, c'est que vous êtes reconnu pour avoir assisté à l'attaque de l'Hôtel-de-Ville.

R. Mon alibi est suffisamment établi, et je n'ai pas besoin de répondre à cela.

INTERROGATOIRES DE BONNEFOND.

Bonnefond (Pierre), *âgé de 28 ans, cuisinier, né à Alré (Saône-et-Loire), demeurant à Paris, rue de la Chaussée-d'Antin, n° 2, chez M.* Nibaut, *au café de Foy.*

1er interrogatoire, subi le 12 mai 1839, devant M. Jourdain, Juge d'instruction.

D. D'où veniez-vous lorsque vous avez été blessé?

R. Je venais du faubourg Saint-Germain, du côté du Panthéon.

D. Qu'étiez-vous allé faire par là?

R. J'étais allé voir un monsieur que je connais.

D. Comment se nomme-t-il?

R. M. *Saugeau.*

D. Où demeure-t-il?

R. Il n'est pas de Paris, il est de la Bourgogne.

D. Où alliez-vous le voir?

R. Dans un café, rue Saint-Jacques, en face la place du Panthéon.

D. D'où viennent les capsules de fusil à piston que nous trouvons à l'instant dans les poches de votre redingote?

R. Je m'amuse quelquefois à en faire sauter.

D. Comment se fait-il que ces capsules se sont trouvées précisément aujourd'hui dans vos poches?

R. Je n'en sais rien.

D. N'étiez-vous pas porteur d'un fusil à piston au moment où vous avez été blessé?

R. Non, Monsieur; je détournais la rue du Harlay, en quittant le quai des Lunettes, pour me rendre au Pont-Neuf.

D. Ne faisiez-vous pas partie d'un groupe qui s'est porté sur le poste du quai aux Fleurs, et a fait feu sur ce poste?

R. Non, Monsieur.

D. Il a été trouvé dans une poche et dans la doublure de votre redingote, où elles avaient sans doute glissé par un trou de la poche, 40 capsules en cuivre. Pouvez-vous nous dire si elles sont là depuis longtemps?

R. Peut-être depuis un mois ou deux; je ne sais pas au juste.

D. Est-ce que vous vous servez quelquefois de fusil ou de pistolet à piston?

R. Non, jamais.

D. Comment se fait-il donc alors que vous vous trouviez en possession de ces capsules?

R. Comme je vous l'ai dit; je m'amuse quelquefois à en faire éclater, j'en donne quelquefois à des petits enfants.

D. N'aviez-vous pas plutôt pris ces capsules dans le but de prendre part à une insurrection à main armée?

R. Non, Monsieur.

D. Où alliez-vous lorsque vous avez été blessé?

R. Je retournais à mon travail, rue de la Chaussée-d'Antin.

D. Ce n'était pas votre chemin de passer par le quai des Lunettes pour vous rendre de la place du Panthéon à la rue de la Chaussée-d'Antin.

R. Je pense que si.

D. Quel était l'objet du rendez-vous que vous dites vous avoir été donné par M. *Sangeau?*

R. C'était pour le voir avant son départ : il devait partir ce soir; je suis allé hier avec lui voir l'exposition.

D. Dans quel hôtel demeure-t-il habituellement à Paris?

R. Dans un hôtel près du pont Marie, dont je ne me souviens pas du nom.

D. Dans quel pays a-t-il son domicile?

R. A Paquet, département de la Côte-d'Or, je crois, près d'Arnay-le-Duc.

D. Avez-vous déjà été arrêté?

R. Non, Monsieur.

D. N'avez-vous pas été arrêté à l'occasion des affaires d'avril 1834?

R. Non, Monsieur. Si mon nom figure dans cette affaire, c'est sans doute parce que je faisais partie de la société des Droits de l'Homme, dissoute peu de temps auparavant.

2e interrogatoire subi par *Bonnefond* (*Pierre*), le 8 juillet 1839, devant M. Zangiacomi, Juge d'instruction, délégué.

Et aussitôt nous avons représenté au comparant deux fusils de chasse déposés par le sieur *Gabriel,* fruitier rue du Harlay, n° 9, le 13 mai dernier, et lui avons demandé s'il les reconnaissait.

Le nommé *Bonnefond* a répondu négativement.

A l'instant, toujours en présence de l'inculpé, nous avons levé, toutefois après lui en avoir fait reconnaître l'intégrité, les scellés apposés sur ces deux fusils.

Nous constatons ici que les armes sont signalées comme étant chargées, et qu'à l'une d'elles existe une baguette de fusil de munition.

Nous avons ensuite donné mission à M. le capitaine *Pernety,* que nous avions appelé à cet effet à notre cabinet, d'examiner ces fusils, pour quoi nous lui avons remis une ordonnance. M. *Pernety* a, en conséquence, prêté entre nos mains serment d'en remplir l'objet en honneur et conscience.

Nous constatons, en outre, que ces fusils ayant été débourrés, il a été reconnu que l'un d'eux, celui qui est porteur de la baguette de baleine, n'est chargé que d'un côté; l'autre fusil l'est des deux.

3e interrogatoire subi par *Bonnefond* (*Pierre*), le 9 juillet 1839, devant M. Zangiacomi, Juge d'instruction, délégué.

D. Reconnaissez-vous le fusil que je vous représente?

R. Non, Monsieur.

D. Hier, je vous ai fait représenter deux fusils qui avaient été saisis dans une allée, rue du Harlay, n° 9; aujourd'hui, je mets sous vos yeux celui qui a été précisément découvert dans l'allée du n° 65 du quai des Lunettes, allée dans le renfoncement de laquelle vous-même avez été arrêté le 12 mai dernier : tout porte à croire que c'est le fusil dont vous vous êtes servi ce jour-là ?

R. Je ne reconnais pas ce fusil et je n'ai pas porté de fusil dans cette journée-là.

4e interrogatoire subi par *Bonnefond* (*Pierre*), le 12 juillet 1839, devant M. Zangiacomi, Juge d'instruction, délégué.

D. Depuis combien de temps étiez-vous chez le sieur *Nibaut?*

R. Il y a trois ans; j'y étais chef de cuisine, aux appointements de 1,200 francs.

D. Pourquoi l'avez-vous quitté le 12 mai dernier?

R. En général, je suis libre d'une heure à quatre heures, et je suis sorti ce jour-là vers trois heures, comme cela m'arrivait fréquemment.

D. Vous êtes sorti avec les autres cuisiniers?

R. Non, Monsieur; ils sont sortis de leur côté.

D. Où ont-ils été?

R. Je n'en sais rien.

D. Et vous?

R. J'étais allé rue Saint-Jacques, à un rendez-vous; je voulais voir le sieur *Saugeau,* qui devait partir le lendemain pour la Bourgogne.

D. Il résulte de la déclaration du sieur *Saugeau,* qu'il est parti de Paris le samedi 11 mai.

R. Ce Monsieur m'avait donné rendez-vous, il ne s'en sera pas souvenu et aura changé d'avis.

D. Le sieur *Saugeau* a déclaré aussi qu'il ne vous avait pas donné de rendez-vous.

R. Je suppose qu'il l'aura oublié.

D. Êtes-vous allé à l'endroit où vous prétendez qu'il vous avait donné rendez-vous?

R. Je suis allé dans un café, du côté du Panthéon, où j'espérais le trouver. Il m'avait dit que je le rencontrerais dans ce quartier.

D. Comment vous êtes-vous trouvé sur le quai des Lunettes?

R. C'est en revenant de la rue Saint-Jacques.

D. L'instruction a établi que lorsque vous avez été blessé vous étiez porteur d'un fusil.

R. C'est faux j'ai été blessé en passant.

D. On a retrouvé un fusil de chasse dans l'allée où vous avez cherché asile lorsque vous fûtes atteint.

R. Ce n'était pas moi qui avais ce fusil.

D. Un marinier qui se réfugia dans cette même allée déclare vous avoir vu portant ce fusil.

R. Il se trompe.

D. En outre, deux personnes habitant la maison n° 65 de ce quai vous ont vu jeter des cartouches sur la chaussée, et on en a retrouvé à côté du fusil.

R. Tout cela ne me regarde pas du tout.

D. En outre, on a retrouvé dans vos vêtements des capsules, on en a découvert d'autres dans la cellule où vous fûtes placé au dépôt, et deux cartouches même y ont été ramassées après votre départ.

R. Les cartouches ne sont pas à moi; quant aux capsules, je les avais depuis très-longtemps.

D. Comment possédiez-vous ces capsules?

R. On me les avait données.

D. Pourtant vous n'avez point de fusil; quel besoin aviez-vous de ces objets?

R. Je n'ai rien à vous répondre là-dessus.

D. La présence de ces capsules en votre possession prouve qu'en effet, dans cette journée du 12, vous avez été porteur d'un fusil de chasse.

R. Je n'ai point eu de fusil.

D. Il existe sur le fusil saisi des traces de sang, ce qui prouve d'autant plus qu'il a été porté par vous.

R. Je suis étranger à tous ces faits.

D. Enfin, cette arme a été reconnue par le sieur *Lepage* pour avoir été soustraite dans ses magasins, le 12 mai.

R. Puisque je n'avais point de fusil, je ne l'ai point pris chez le sieur *Lepage*.

INTERROGATOIRES DE PIÉFORT.

PIÉFORT (François), *âgé de 21 ans, charpentier, né à Dijon (Côte-d'Or), logé à Paris, rue du Faubourg-Saint-Martin, n° 105, en garni.*

1er interrogatoire subi, le 13 mai 1839, devant M. Jourdain, Juge d'instruction.

D. Êtes-vous marié ?

R. Non, Monsieur.

D. A quel endroit avez-vous été blessé?

R. A la place du Châtelet.

D. Que faisiez-vous là ?

R. Je m'y trouvais avec un de mes pays qui est mon camarade de lit, et qui allait voir une de ses sœurs, qui est boulangère.

D. Comment appelez-vous ce pays?

R. *Victor Focillon.*

D. N'étiez-vous pas avec un rassemblement armé qui a attaqué plusieurs postes et qui a tiré sur la troupe?

R. Non, Monsieur. J'ai suivi pendant quelques instants ce rassemblement parce que, passant de ce côté, j'ai entendu des coups de fusil; mais je n'en faisais pas partie, et j'ai reçu, je crois, le premier coup de feu qui a été tiré du poste.

D. Pourquoi, si vous ne faisiez pas partie de ce rassemblement, vous êtes-vous approché du poste, au lieu de vous retirer lorsqu'on a tiré?

R. Vous savez, lorsqu'on entend du bruit, un motif de curiosité. Il est vrai que nous n'étions pas tout à fait sur notre route.

D. Vous êtes inculpé d'avoir pris part à une rébellion à main armée et d'avoir fait feu sur la troupe.

R. Cela est faux.

D. D'où veniez-vous lorsque vous êtes arrivé sur la place du Châtelet?

R. Du faubourg Saint-Martin, où je demeure.

D. Avez-vous déjà été arrêté?

R. Jamais.

2e interrogatoire subi par *Piéfort*, le 23 septembre 1839, devant M. Jourdain, Juge d'instruction, délégué.

D. Depuis combien de temps êtes-vous à Paris?

R. Depuis le mois de juillet 1837.

D. N'avez-vous pas fait partie de sociétés politiques?

R. Non, Monsieur.

D. N'aviez-vous pas reçu une lettre de convocation pour vous trouver, le dimanche 12 mai, chez un marchand de vin, dans les environs de la rue Bourg-l'Abbé?

R. Non, Monsieur.

D. N'étiez-vous pas chez M. *Cheveau*, en qualité de principal ouvrier?

R. Oui, Monsieur.

D. Ne restiez-vous pas souvent les dimanches jusqu'à six à sept heures du soir, après le départ des ouvriers, pour régler leurs journées?

R. Oui, Monsieur, très-souvent.

D. Pourquoi donc le dimanche 12 mai n'êtes-vous resté que jusqu'à deux heures?

R. Je n'y restais pas tous les dimanches, je n'y étais pas obligé. Ce jour-là, je suis sorti de bonne heure, parce que je devais aller avec *Focillon* chez sa sœur.

D. Mais ce jour-là M. *Cheveau* est parti le matin, et il vous a demandé, avant de sortir, si vous deviez vous-même sortir; pourquoi ne l'avez-vous pas prévenu?

R. Je ne me rappelle pas qu'il m'ait demandé cela; il y avait d'ailleurs peu d'ouvriers ce jour-là, et, dans tous les cas, ils avaient leurs travaux.

D. En sortant, et lorsque vous avez été chercher *Focillon,* n'êtes-vous pas allés ensemble rue Bourg-l'Abbé?

R. Non, Monsieur, au moins je ne le crois pas: nous avons pris une rue qui donne rue Saint-Martin, après le poste, la rue Grenétat, je crois; nous avons pris la rue Saint-Denis, pour aller voir sa sœur, qui demeure, je crois, rue de la Harpe, autant que je puis me le rappeler.

D. D'après la déclaration de *Focillon,* vous auriez pris la rue Bourg-l'Abbé, qui descend de la rue Grenétat à la rue aux Ours, parallèlement à celle Saint-Denis?

R. Je ne m'en rappelle pas.

D. A l'heure où vous avez dû passer dans la rue Bourg-l'Abbé, on faisait une distribution d'armes provenant d'un magasin d'un armurier; vous avez dû y prendre part vous-même?

R. Je n'ai point pris part à une distribution d'armes, et je n'en ai même pas vu.

D. Vous avez dit que vous aviez reçu le premier coup de feu tiré place du Châtelet, il est impossible dès lors qu'en venant jusque-là vous n'ayez pas vu le rassemblement armé qui se rendait vers la place du Châtelet et les quais?

R. Nous avons bien entendu du bruit; mais nous n'avions rien vu du tout: seulement, quelques minutes avant que je ne fusse blessé, j'avais bien vu des individus armés qui venaient sur la place du Châtelet; mais je n'ai pas eu le temps de les regarder, j'ai été blessé de suite.

D. Mais par quelle rue êtes-vous entré sur la place du Châtelet?

R. Je crois que c'est par la rue Saint-Denis que nous sommes venus.

D. Mais vous avez dû entrer sur cette place par la rue Saint-Jacques-la-Boucherie ou par la rue de la Savonnerie, et venir entre la porte du poste et les maisons de la rue de la Joaillerie, puisque vous avez été blessé à droite ; la balle qui vous a atteint est entrée dans l'épaule droite et est sortie derrière l'omoplate, et si vous fussiez venu de la rue Saint-Denis, vous n'auriez pu être frappé que par le côté gauche?

R. En effet, la balle m'a frappé au bras et est sortie derrière l'omoplate droite; mais je puis avoir fait un mouvement. Je ne pourrais pas vous dire par quelle rue je suis entré ; je crois pourtant bien que c'est par la rue Saint-Denis.

D. Il paraît que vous et *Focillon* étiez armés, et que vous êtes arrivés par les rues de la Savonnerie et Saint-Jacques-la-Boucherie?

R. Non, Monsieur; nous n'étions pas armés, et je ne crois pas que nous fussions arrivés par ces rues-là.

D. On a vu *Focillon* armé d'un fusil de chasse, et de plus on a trouvé des capsules pour fusils de chasse sur lui ?

R. Je n'ai pas vu de fusil de chasse à *Focillon;* je sais seulement que ce sont des individus armés qui m'ont porté chez le marchand de vin.

D. Où *Focillon* a-t-il reçu les capsules qu'il avait sur lui?

R. Je ne le sais pas; je ne lui en ai pas vu donner.

D. Est-ce qu'il ne les a pas emportées de chez lui? est-ce qu'il n'en avait pas dans votre domicile commun?

R. Non, Monsieur, je ne lui en ai jamais vu; je ne pourrais pas affirmer qu'il n'en eût pas, parce qu'il a sa cassette et moi la mienne.

D. Lorsque vous avez été porté chez le marchand de vin, et lorsqu'on vous a monté dans la chambre du marchand de vin, vous étiez accompagné par cinq individus, tous armés, et au nombre desquels était *Focillon;* ils ont caché leurs armes dans un grenier où on a trouvé quatre fusils de chasse et une espingole: ce fait, joint à ce qu'on a trouvé des capsules dans la poche de *Focillon,* prouve qu'il était armé?

R. Je ne sais pas où il a eu ce fusil, s'il en a eu un; peut-être lui aura-t-on donné ce fusil après que j'aurai été blessé ; je ne puis rien vous dire à ce sujet.

INTERRROGATOIRES DE FOCILLON.

FOCILLON (Louis-Victor-Auguste), *âgé de 21 ans, charpentier, né à Dijon (Côte-d'Or), demeurant à Paris, rue du Faubourg-Saint-Martin, n° 105.*

1er interrogatoire subi, le 12 mai 1839, devant M. *Yver*, Commissaire de police.

L'an mil huit cent trente-neuf, le douze mai, à sept heures du soir,

Devant nous *Alphonse-Joseph-Martial Yver,* commissaire de police, a été amené par M. *Tronchard,* officier de paix, assisté des gardes municipaux *Sanier,* brigadier, *Bellot* et *Ferret,* gardes à pied, un individu arrêté sous l'inculpation d'attaque à main armée contre la force publique.

Nous lui avons fait subir l'interrogatoire ci-après :

D. Quels sont vos noms, votre âge, profession, le lieu de votre naissance et votre demeure?

R. Je me nomme *Focillon (Victor);* je suis né à Dijon, âgé de 21 ans, ouvrier charpentier, et je demeure rue du Faubourg-Saint-Martin, n° 105.

D. Vous étiez parmi les insurgés qui ont enfoncé violemment la boutique du marchand de vin *Gérard,* où ils ont déposé le nommé *Piéfort,* l'un de leurs blessés, rue de la Vieille-Tannerie, n° 1er?

R. J'y étais, mais comme passant; j'allais rue de la Harpe, au moment où mon camarade *Piéfort* a été blessé d'un coup de feu, nous étions sans armes, et c'est par hasard que nous nous sommes trouvés là : nous venions de la rue Bourg-l'Abbé.

D. N'avez-vous jamais été arrêté pour cause politique?

R. Jamais.

2e interrogatoire subi par *Focillon,* le 12 mai 1839, devant M. Jourdain, Juge d'instruction.

D. Êtes-vous marié?

R. Non, Monsieur.

D. Au moment où vous avez été arrêté, vous aviez sur vous dix-sept capsules pour fusil à piston; d'où vous proviennent-elles?

R. Il y a longtemps que je les ai; j'en ai probablement encore chez moi.

D. Pourquoi en aviez-vous sur vous?

R. C'est par hasard.

D. Avec qui étiez-vous lorsque vous avez été arrêté?

R. J'étais avec mon camarade *François Piéfort,* qui a été blessé et a été arrêté comme moi.

D. Étiez-vous avec lui lorsqu'il a été blessé?

R. Oui, Monsieur.

D. Comment a-t-il été blessé?

R. Par un coup de feu, sur la place du Châtelet, ou plutôt sur le quai; nous traversions la place, venant de la rue Bourg-l'Abbé.

D. N'étiez-vous pas tous deux armés de fusils?

R. Non, Monsieur.

D. Où alliez-vous?

R. Rue de la Harpe.

D. Chez qui?

R. Chez ma sœur, madame *Mouillau,* dont le mari est boulanger, rue de la Harpe, n° 111.

D. Ne faisiez-vous pas partie d'un rassemblement armé qui a attaqué plusieurs postes de la troupe, et n'avez-vous pas fait feu sur l'un de ces postes?

R. Non, Monsieur; nous n'aurions d'abord pas pu faire feu: nous n'avions pas d'armes.

D. Où avez-vous passé la journée?

R. Dans ma chambre.

D. Avec qui?

R. Je suis resté seul jusqu'à midi.

D. Où avez-vous rejoint *Piéfort?*

R. Dans la rue Saint-Martin, autant que je puis croire.

D. Qu'avez-vous fait avec *Piéfort* lorsque vous l'eûtes rejoint?

R. Nous avons bu une bouteille dans la rue Bourg-l'Abbé.

D. Y avait-il d'autres personnes avec vous?

R. Non, Monsieur.

D. Combien y avait-il de temps que vous étiez avec *Piéfort* lorsqu'il a reçu un coup de feu?

R. Je ne pourrais pas vous le dire. En sortant de chez le marchand de vin, nous vîmes qu'il y avait du bruit; nous descendîmes la rue Bourg-l'Abbé, nous prîmes une petite rue qui nous conduisit à la place du Châtelet.

D. Avez-vous rencontré *Piéfort,* ou lui aviez-vous donné rendez-vous?

R. Nous nous sommes rencontrés par hasard.

D. Ainsi vous ne pouvez dire combien il y avait de temps que vous étiez avec *Piéfort* lorsque vous avez été arrêté?

R. Nous nous étions rencontrés vers deux heures; nous ne nous sommes pas quittés jusqu'au moment où nous avons été arrêtés.

D. Il paraît que vous avez aidé à enfoncer la porte de la boutique d'un marchand de vin où a été déposé *Piéfort?*

R. Non, Monsieur; la porte de la boutique était enfoncée lorsque *Piéfort* est arrivé.

Interrogatoire subi par *Focillon*, le 24 septembre 1839, devant M. Jourdain, Juge d'instruction, délégué.

D. Le dimanche 12 mai, à quelle heure aviez-vous donné rendez-vous à *Piéfort?*

R. Je ne lui avais pas donné rendez-vous; nous nous sommes rencontrés dans la rue Saint-Martin.

D. Il résulte cependant de l'instruction qu'il est venu vous prendre à votre chambre, et que vous êtes sortis ensemble?

R. Non, Monsieur, il n'est pas venu à la chambre; je l'ai rencontré dehors.

D. A quel endroit de la rue Saint-Martin l'avez-vous rencontré?

R. Je ne m'en rappelle pas.

D. N'avez-vous pas été rue Bourg-l'Abbé?

R. Nous avons pris une rue qui nous a conduits à la rue Bourg-l'Abbé; là, nous avons vu du bruit et du monde qui distribuait des armes; nous avons suivi; nous sommes descendus par la rue Quincampoix.

D. N'avez-vous pas pris un fusil rue Bourg-l'Abbé?

R. Non, Monsieur.

D. Cependant on vous a vu avec un fusil ensuite?

R. Non, Monsieur; nous n'avions pas d'armes, et on n'a pas pu me voir avec un fusil. Quand nous sommes arrivés sur la place du Châtelet, je ne sais pas ce qu'il y avait, mais *Piéfort* reçut un coup de feu.

D. Par quelle rue êtes-vous arrivé sur la place du Châtelet?

R. Par une petite rue qui donne près le corps de garde.

D. Mais alors vous faisiez partie des insurgés, qui sont arrivés de ce côté sur la place du Châtelet?

R. Non, Monsieur; il y avait déjà du monde sur la place du Châtelet, et les insurgés étaient dans une petite rue qui conduit à la rue Saint-Jérôme.

D. Lorsque *Piéfort* a été porté chez le marchand de vin, et lorsqu'on l'a monté dans la chambre du marchand de vin, vous étiez cinq qui l'accompagniez ; tous les cinq vous étiez armés. On vous a vu porteur d'un fusil, après le départ des quatre individus qui sont partis; et, après votre arrestation, on a en effet trouvé quatre fusils de chasse et une espingole, dans un petit grenier près de la chambre où avait été déposé *Piéfort?*

R. Je n'étais pas armé. Plusieurs individus armés m'ont aidé à monter *Piéfort,* mais ni moi ni *Piéfort* ne l'étions.

D. Mais si vous n'aviez pas pris part à l'insurrection, après avoir vu la distribution d'armes faite rue Bourg-l'Abbé, vous n'auriez pas suivi les insurgés armés jusqu'à la place du Châtelet?

R. C'est par curiosité que nous avons avancé jusque-là.

D. Étiez-vous attendu chez votre sœur?

R. Non, Monsieur; jamais elle ne m'attend.

D. Est-ce que *Piéfort* connaît votre sœur?

R. Non, Monsieur; il ne la connaît que pour en avoir entendu parler.

D. Ainsi, d'après vous, vous n'étiez pas convenu avec *Piéfort* d'avance d'aller ensemble chez votre sœur?

R. Non, Monsieur.

D. N'avez-vous pas fait partie de sociétés politiques?

R. Non, Monsieur.

D. N'avez-vous pas reçu une convocation pour vous rendre, le 12 mai, vers deux heures et demie, dans la rue Bourg-l'Abbé?

R. Non, Monsieur.

D. Qu'alliez-vous faire chez votre sœur?

R. C'était pour la voir. J'y allais presque tous les dimanches et les lundis.

D. Mais vous avez été rue Bourg-l'Abbé sachant bien qu'on y distribuait des armes, vous y avez pris un fusil et les capsules qui ont été trouvées sur vous?

R. Non, Monsieur; je n'ai point eu de fusil. Quant aux capsules, je les avais trouvées dans un petit placard dans ma chambre, en le nettoyant.

D. A quelle époque les avez-vous trouvées?

R. Quand nous sommes entrés dans notre logement, il y a environ un an.

D. *Piéfort* était-il là quand vous les avez trouvées?

R. Non, Monsieur.

D. Lui avez-vous fait voir ces capsules?

R. Non, Monsieur.

D. Comment se fait-il que vous les portiez sur vous précisément le 12 mai?

R. Elles étaient toujours restées dans ma poche depuis que je les avais trouvées.

D. Cette explication n'est pas vraisemblable.

R. Il n'y a rien d'étonnant à cela; il y en avait si peu!

D. Pouvez-vous nous dire quelles rues vous avez prises pour venir place du Châtelet?

R. Je ne connais pas les noms des rues. Je pense que c'est la rue Quincampoix, parce qu'on m'a dit que c'était cette rue qui conduit de la rue Bourg-l'Abbé à la place du Châtelet.

D. Vous avez toujours suivi le groupe d'insurgés jusqu'à la place du Châtelet?

R. Nous n'avons pas suivi le groupe d'insurgés, nous avons suivi notre chemin. C'était la curiosité qui nous avait portés à aller voir à l'endroit où l'on distribuait les armes, mais ensuite nous avons suivi notre chemin.

INTERROGATOIRES D'ESPINOUSSE.

ESPINOUSSE (Jean Léger), *âgé de 21 ans, tailleur, né à Mussy (Dordogne), demeurant à Paris, rue Saint-Honoré, n° 245.*

1er interrogatoire subi, le 13 mai 1839, devant M. Geoffroy Château, Juge d'instruction.

D. Vous avez été arrêté hier, vers neuf heures, rue Bourg-l'Abbé; que faisiez-vous?

R. Voici ce qui m'est arrivé hier. Vers trois heures du soir, ayant entendu du bruit sur la place du Châtelet, je m'y suis rendu, et, là, plusieurs personnes que je ne connais pas, et qui criaient *aux armes!* me remirent un fusil et trois ou quatre cartouches, et me forcèrent à les accompagner pendant une demi-heure dans plusieurs rues voisines. Sitôt que j'ai pu les quitter, j'ai jeté le fusil dont j'étais porteur dans un cul-de-sac dont je ne me rappelle pas le nom, et me suis rendu à mon domicile, pour me changer. J'ai jeté les cartouches dont j'étais porteur dans les latrines de ma maison.

Je suis resté environ deux heures chez moi, et je suis sorti de nouveau sur les six heures, pour voir ce qui se passait. Je me suis promené dans les quartiers Saint-Martin et Saint-Denis; et arrivé à la tombée de la nuit rue Bourg-l'Abbé, nous fûmes poursuivis par la troupe, et je me réfugiai dans une maison où je montai dans le grenier où se trouvaient déjà cinq ou six individus qui avaient des armes, mais que je ne connais pas; j'en ai seulement entendu appeler un du nom de *Dupuis.*

D. Vous êtes inculpé d'avoir commis un attentat contre la sûreté de l'État.

R. Je n'ai rien fait qui puisse motiver cette inculpation.

D. N'avez-vous point pris part au pillage d'armes chez plusieurs armuriers?

R. Non, Monsieur.

D. Pourquoi étiez-vous en blouse lorsque vous avez été arrêté? Étiez-vous sorti le matin dans ce costume?

R. Le matin, je n'avais pas de blouse; mais j'ai préféré en mettre une le soir, dans la crainte d'être déchiré, si par hasard je me trouvais arrêté.

Jamais arrêté.

2e interrogatoire subi par *Espinousse*, le 3 juillet 1839, devant M. Jourdain, Juge d'instruction, délégué.

D. N'avez-vous pas reçu une convocation pour vous rendre dans la rue Saint-Martin, le dimanche 12 mai dans l'après-midi?

R. Non, Monsieur. Comme je l'ai dit dans mon premier interrogatoire, je me trouvais dans une rue près du Châtelet, rue Saint-Martin ou rue Saint-Denis; j'étais en ribote; on s'y battait depuis quelque temps, lorsqu'un individu me remit un fusil; il en remit aussi à d'autres qui étaient là comme moi, et on nous fit marcher, et j'allai avec eux jusque dans un cul-de-sac dont je ne sais pas le nom ; j'y déposai le fusil qu'on m'avait donné, et je retournai à mon atelier, chez le sieur *Moreau*, rue Vivienne, n° 33. J'y changeai de pantalon; je jetai des cartouches qu'on m'avait données dans les lieux d'aisances de la maison. J'allai ensuite place de la Bourse, où je restai pendant quelque temps; de là je revins du côté de la rue Saint-Denis, où était la troupe. Je rencontrai le nommé *Félix* (*Nicolas*), qui est fourrier au 28e de ligne; je lui donnai une poignée de main en passant. Il me dit: *Va-t-en vite, on va se battre;* je me sauvai dans la rue Saint-Magloire, et ensuite je n'ai pu en sortir.

D. Mais vous n'avez pas quitté les insurgés, comme vous le dites; car on vous a vu à une barricade de la rue Planche-Mibray, et ensuite à la mairie du septième arrondissement, parmi les insurgés qui y ont été désarmer le poste.

R. Cela est tout à fait faux.

D. Cependant le tambour *Lamirault* a déclaré qu'il vous reconnaissait; que vous lui aviez demandé sa caisse en lui disant : *Tambour, il faut me donner ta caisse !*

R. Cela est faux.

D. Non-seulement il vous a reconnu de figure, mais il a même entendu prononcer votre nom par un des insurgés, qui, voulant avoir ses baguettes, dit, sur l'observation que ce tambour fit qu'elles lui coûtaient cinq francs : *Allons,* Espinousse, *il faut nous cotiser.*

R. Cela est faux ; je n'ai point accompagné les insurgés de ce côté, je les ai quittés pendant qu'ils faisaient une barricade dans un endroit que je ne pourrais pas vous indiquer, du côté de la rue Saint-Martin ou de la rue Saint-Denis. J'ai passé chez un marchand de vin pour m'en aller.

Je dois vous dire d'ailleurs que le tambour s'est trompé, car on ne m'appelle jamais *Espinousse;* on m'appelle toujours *Léger* ou *Périgord:* lorsque j'étais parmi les insurgés, je n'y connaissais personne.

D. Le même témoin a déclaré qu'il vous a vu mettre en joue les gardes nationaux qui étaient dans la cour de la mairie du 7e arrondissement, avant d'entrer dans cette cour.

R. Cela n'est pas; je ne suis point allé dans cet endroit.

D. Mais vous prétendez qu'un des insurgés vous a remis un fusil, et qu'on vous a fait marcher avec eux. Si vous n'aviez pas été là de votre plein gré pour prendre part à l'insurrection, vous ne seriez pas ensuite retourné à l'endroit où ils étaient retranchés, rue Saint-Magloire, pour être exposé encore à la même chose.

R. Je n'allais pas avec eux : si j'avais eu l'intention de retourner avec eux, je n'aurais pas déposé mon fusil et jeté les cartouches.

D. Au moment où vous dites être allé dans la rue Saint-Magloire, les insurgés s'y étaient retranchés; ils faisaient des barricades, ils faisaient feu sur les gardes municipaux, et vous ne pouviez aller de ce côté qu'avec l'intention de vous joindre à eux ; et, d'après les documents du procès, il paraît que vous les avez suivis volontairement, et que vous ne les avez pas quittés.

R. Je vous assure que cela n'est pas; j'ai dit la vérité. Ceux qui m'ont vu monter dans le grenier, pour m'y cacher, peuvent dire la vérité, et que je n'avais pas d'armes.

D. Mais deux témoins qui demeurent près la rue Saint-Magloire ont déclaré qu'ils vous avaient vu pendant quelque temps à la barricade ?

R. Cela n'est pas; je suis resté dans la cour de la maison où j'ai été arrêté, mais j'étais sans armes.

D. Si vous n'étiez pas au nombre des insurgés, et si, comme vous le dites, vous êtes entré dans la rue Saint-Magloire sans l'intention de vous joindre à eux, pourquoi ne vous êtes-vous pas immédiatement retiré, quand vous avez vu que vous étiez parmi les insurgés?

R. J'y suis entré parce que j'ai vu du monde qui s'y sauvait; je ne savais pas qu'il y eût des insurgés : quand j'y fus, j'y vis une barricade, et je ne pus pas revenir ensuite, parce que la troupe arrivait.

D. Mais ce que vous dites là n'est pas possible; car il est établi par l'instruction que, lorsque la troupe est arrivée à la barricade Saint-Magloire, elle était défendue par des insurgés qui faisaient feu sur elle; qu'ainsi cette barricade était gardée par les insurgés dans la rue Saint-Denis, avant l'arrivée de la troupe; qu'elle n'a été enlevée qu'après deux attaques, la première, vers six heures et demie, et la seconde, vers sept heures et demie ou huit heures. Ainsi, lorsque vous vous êtes présenté rue Saint-Magloire, vous avez dû voir derrière la barricade, dans la rue Saint-Denis, des insurgés armés qui auraient dû vous empêcher de passer.

R. Je n'ai pas vu d'insurgés armés dans la rue Saint-Denis; je n'en ai vu qu'au bout de la rue Saint-Magloire, près du roulage.

D. A quelle heure seriez-vous donc arrivé dans la rue Saint-Magloire?

R. Je ne pourrais pas vous dire au juste l'heure à laquelle je suis arrivé là, le nommé *Félix* vous le dira mieux que moi; mais c'est peu de temps avant que la troupe n'arrivât. Je me suis alors sauvé avec d'autres individus qui avaient ouvert une porte, et je suis allé dans le grenier où l'on m'a trouvé.

D. Il résulte de l'instruction que vous, et les autres individus qui se sont retirés avec vous dans ce grenier, aviez des armes?

R. Cela n'est pas; ceux qui m'ont vu monter peuvent bien dire que je n'en avais pas.

D. On a trouvé dans le grenier où vous avez été arrêté deux fusils de munition, deux fusils de chasse, une baguette de pistolet, des capsules et des cartouches.

R. Je vous assure que je n'avais pas d'armes; j'ai vu monter plusieurs autres individus dans le grenier.

D. Le maréchal des logis qui vous a arrêté a déclaré que lorsque vous avez été arrêté vous sentiez la poudre, et que vos lèvres et vos doigts étaient noircis de poudre; et le commissaire de police auquel vous avez été conduit a constaté, en effet, que les extrémités de vos doigts, et surtout de l'index gauche, étaient noircis, et sentaient la poudre.

R. Je vous assure que mes doigts ne sentaient pas la poudre. J'ai dit au commissaire de police qu'on m'avait donné un fusil, et que j'avais eu des cartouches dans ma poche, que je lui ai fait sentir.

D. Ce qui corrobore la déclaration du tambour *Lamirault,* de la 7e légion, qui dit vous avoir vu, c'est qu'on a trouvé dans le grenier où vous avez été arrêté un fusil de munition appartenant à la 7e légion.

R. Je n'avais pas un fusil de munition; c'est un fusil de chasse qui m'avait été donné, comme je vous l'ai dit précédemment, et que j'avais déposé avant d'aller à l'atelier. Il s'était réfugié plusieurs autres individus dans le grenier, et je ne sais pas où ils se sont retirés; mais je n'avais pas d'armes, je vous l'assure.

3e interrogatoire subi par *Espinousse,* le 16 juillet 1839, devant M. Jourdain, Juge d'instruction, délégué.

D. Avant de vous retirer dans le grenier où vous avez été arrêté, vous aviez été dans les barricades avec les insurgés; car lorsque le 28e de ligne, dans lequel est le nommé *Félix,* que vous connaissez, eut pris une barricade près la rue Grenétat, en descendant la rue Saint-Denis, *Félix* vous a vu remonter la rue Saint-Denis, venant de la barricade faite à la hauteur de la rue Saint-Magloire?

R. Je ne venais pas de la barricade; je sortais de mon atelier comme je vous l'ai dit, lorsque j'ai rencontré *Félix.*

D. Mais c'est avant la prise de la barricade, qui était au coin de la rue Saint-Magloire, que vous avez vu *Félix:* ce dernier vous avait donné le conseil de rentrer chez vous; vous auriez pu suivre ce conseil en vous retirant par la rue du Renard, que la troupe faisait prendre à ceux qui se présentaient; au lieu de cela, vous êtes retourné dans la rue Saint-Magloire, où il y avait des barricades qui ont été attaquées et défendues peu de temps après.

R. Je me suis sauvé par là, parce que j'ai vu d'autres personnes s'y sauver.

D. Il paraît que vous alliez là pour connaître la force de la troupe, et en rendre compte ensuite aux insurgés.

R. Cela n'est pas; si j'avais été à la barricade, je vous l'aurais dit.

D. Il paraît que vous avez été à l'attaque du poste de l'Hôtel-de-Ville, car le tambour qui était de service à ce poste a déclaré qu'il vous reconnaissait parfaitement comme l'un des factieux qui ont attaqué le poste de l'Hôtel-de-Ville, le 12 mai.

R. Cela n'est pas; je ne suis point allé là. Je n'ai eu un fusil que de la manière et pendant le temps que je vous ai dit. Je vous ai dit toute la vérité.

Et il a déclaré qu'il regardait comme inutile de signer, attendu que c'était la même déclaration que la dernière fois. Nous avons signé avec le greffier.

4e interrogatoire subi par *Espinousse,* le 18 septembre 1839, devant M. Jourdain, Juge d'instruction, délégué.

D. N'avez-vous pas été parmi les insurgés qui ont attaqué le poste de la place du Châtelet?

R. Non, Monsieur.

D. Cependant un garde municipal vous a vu sur cette place, armé d'un fusil et parlant à une marchande de vin, qui venait d'ouvrir sa porte et à laquelle vous demandiez des armes.

R. Cela est complétement faux. J'ai reçu un fusil, comme je vous l'ai dit, dans une rue que je crois être la rue Saint-Martin, mais je n'ai pas été place du Châtelet.

D. Mais le garde municipal a pu difficilement se méprendre, car il a déclaré vous connaître de vue; ce qui ne serait pas étonnant, parce qu'étant souvent de garde au poste de la place du Palais-Royal, il a pu vous voir aller et venir.

R. S'il m'a vu un fusil, ce n'a pu être que dans la rue Saint-Martin, au moment où on m'a donné un fusil; mais il ne m'a certainement pas vu avec une arme place du Châtelet.

D. Il paraît aussi que vous aviez pris un marteau avec lequel vous avez frappé au poste de la place du Châtelet.

R. Je n'ai pas pu frapper à la porte de ce poste, puisque je ne suis pas allé sur cette place.

INTERROGATOIRES DE HENDRICK.

HENDRICK (Joseph-Hippolyte), *âgé de 24 ans, chaussonnier, né à Paris, y demeurant rue Saint-Jacques-la-Boucherie, n° 25.*

1er interrogatoire subi, le 25 mai 1839, devant M. Zangiacomi, Juge d'instruction délégué.

D. Vous étiez, dans les premières semaines de ce mois, porteur d'un pantalon rouge?

R. Oui, Monsieur; je l'ai vendu à un marchand ambulant.

D. Pourquoi l'avez-vous vendu?

R. Parce qu'il ne me convenait plus.

D. N'est-ce pas plutôt parce que vous craigniez que cet uniforme militaire ne servît à vous faire connaître?

R. Non, Monsieur.

D. Qu'avez-vous fait le 12 courant?

R. Je suis resté jusqu'à 4 heures rue Saint-Jacques-la-Boucherie, n° 25, où je demeure : je suis sorti alors pour aller chez mon bourgeois, qui est le seul cordonnier qui demeure passage Saucède : trouvant sa boutique fermée, je suis rentré chez moi, et ne suis plus ressorti.

D. Ces renseignements sont inexacts, car vous avez été vu dans les rues où l'insurrection avait lieu, et vous êtes inculpé de complicité dans l'assassinat qui a été commis sur la personne du sous-officier *Jonas*.

R. Je suis innocent de ce fait.

D. Avez-vous déjà été arrêté?

R. Oui, Monsieur, dans les troubles de juin; mais acquitté.

2e interrogatoire subi par *Hendrick*, le 25 mai 1839, devant M. le Chancelier de France.

D. Il est formellement établi par nombre de témoignages que vous étiez à la barricade de la rue aux Ours et de la rue Bourg-l'Abbé, où a été tué le maréchal des logis *Jonas*, de la garde municipale.

R. Comment voulez-vous que je puisse vous dire que j'ai tué un homme, quand je ne l'ai pas tué ?

D. Il y avait à cette barricade un homme qui a tué beaucoup de monde; cet homme avait un pantalon et une veste de velours : vous devez le connaître?

R. Je jure par les cendres de ma mère que je n'ai pas vu cet homme.

D. De nombreux témoins vous ont vu près de cet homme?

R. Si j'avais vu cet homme, je vous le dirais; je suis assez homme pour cela. Je revenais de porter mon ouvrage au passage Saucède, où demeure mon maître, et je suis passé rue aux Ours, mais je n'ai tiré aucun coup de fusil.

D. Vous n'avez pu venir de la rue Bourg-l'Abbé dans la rue aux Ours sans passer par la barricade élevée au point de jonction de ces deux rues?

R. J'ai vu la barricade, mais voilà tout.

D. Quel costume aviez-vous ce jour-là?

R. J'avais une blouse et un pantalon de travail.

D. De quelle couleur était ce pantalon ?

R. Il était de couleur garance.

D. On vous appelle, dans votre quartier, le chasseur d'Afrique?

R. Oui, Monsieur.

D. Les témoins vous désignent par votre nom, votre surnom, votre costume?

R. Ce sont peut-être des gens qui ont voulu me nuire.

D. Comment était composée la barricade?

R. Je n'en sais rien, je ne l'ai pas vue, je n'ai fait que passer à côté; le lundi, ma bourgeoise n'a pas voulu me laisser sortir, et c'est elle qui a porté mon ouvrage.

D. Pourquoi votre bourgeoise n'a-t-elle pas voulu vous laissser sortir?

R. Parce qu'elle a craint que je ne fusse amalgamé dans l'émeute avec les autres.

D. Appartenez-vous à quelque société politique ou autre?

R. Non, Monsieur.

D. Êtes-vous compagnon?

R. Non, Monsieur, cela ne m'aurait servi à rien.

D. Auriez-vous de vos amis qui fussent de la société des Familles?

R. On a pu me parler de cette société, mais je ne la connais pas.

3e interrogatoire subi par *Hendrick*, le 2 juillet 1839, devant M. Jourdain, Juge d'instruction délégué.

D. Pendant combien de temps avez-vous servi dans les chasseurs d'Afrique?

R. Pendant trois ou quatre mois. Je sortais alors de la légion étrangère quand j'y suis entré, et je suis revenu à Paris.

D. Pourquoi en êtes-vous sorti?

R. Parce que je n'avais pas fait d'engagement; et j'étais sorti de la légion étrangère parce que, n'étant pas étranger, je ne pouvais pas y rester.

D. A quelle époque étiez-vous entré dans la légion étrangère?

R. Au commencement de 1836.

D. Quand êtes-vous revenu à Paris?

R. Il y aura deux ans au mois d'août prochain.

D. N'avez-vous pas vendu votre capote de chasseur d'Afrique en même temps que votre pantalon?

R. Oui, Monsieur; je les ai vendus à un marchand ambulant.

D. Le dimanche 12 mai, vous portiez votre pantalon garance et une blouse?

R. Oui, Monsieur; c'était le pantalon que je portais dans mon travail.

D. A quelle heure êtes-vous passé dans la rue Bourg-l'Abbé?

R. Je n'y suis pas allé. En sortant de chez moi, vers quatre heures, j'ai pris la rue de la Savonnerie, celle de la Heaumerie et la rue Saint-Denis, tout droit. J'allais pour porter de l'ouvrage chez mon bourgeois, dans le passage Saucède, mais il était fermé; je ne suis pas entré dans la rue Bourg-l'Abbé.

D. Mais n'étiez-vous pas allé là pour prendre part à une distribution d'armes qui s'était faite, à trois heures et demie, dans les magasins des frères *Lepage*, armuriers, rue Bourg-l'Abbé?

R. Non, Monsieur; car je ne savais pas qu'il y avait du bruit. J'étais sorti pour porter mon ouvrage; j'avais même 7 fr. 50 cent. à recevoir pour mon travail.

D. Il résulte de la déclaration de la femme *Bourguignon* que, lorsque vous apprîtes qu'il y avait du bruit, vous dîtes que vous alliez voir, et il paraît que c'est pour cela que vous êtes sorti.

R. Non, Monsieur; c'était pour porter de l'ouvrage.

D. Vous dites que vous êtes sorti à quatre heures pour aller porter de l'ouvrage; mais cela ne se peut pas, car il résulte de la déclaration du chef de poste du Châtelet qu'il a été attaqué à quatre heures moins un quart par les insurgés venant de la rue que vous habitez, et ce n'était pas là le moment de sortir pour porter de l'ouvrage.

R. J'ai bien vu, en effet, les insurgés dans la rue; mais cela ne me regardait pas, et j'ai continué mon chemin pour aller porter mon ouvrage.

D. Au moment de l'attaque du poste du Châtelet, un témoin, qui vous a parfaitement reconnu, vous a vu, armé d'un fusil, à la porte de la maison que vous habitez.

R. Il n'y a pas que moi qui ait un pantalon rouge; le témoin s'est trompé.

D. Mais ce témoin n'a pas pu se tromper sur la personne, car il vous connaissait de vue; il a même indiqué votre demeure, et il a positivement déclaré vous avoir vu armé d'un fusil, et vous dirigeant du côté de la place de Grève.

R. Le témoin est dans l'erreur.

D. Vous avez été également reconnu par d'autres témoins qui vous ont vu au milieu d'un groupe armé, rue Sainte-Avoye.

R. Cela n'est pas. Dans des circonstances comme celles-là, il est difficile de reconnaître une personne que l'on a vue en passant; il y a aussi quelquefois des personnes qui vous en veulent, et qui, à cause de cela, font une déclaration contre vous. Il faudrait aussi que l'on dise quelles étaient les marques distinctives du pantalon; car les pantalons garance ne sont pas tous de même, et une blouse n'est pas assez longue pour empêcher qu'on ne voie ces différences.

D. Un des témoins, qui a déclaré vous avoir vu dans un groupe, vous connaissait très-bien d'avance. En vous voyant, il vous a fait remarquer à un autre témoin auquel il a dit : *Voilà un chasseur d'Afrique.* Le groupe où l'on déclare vous avoir vu se portait, dans ce moment, de la rue Sainte-Avoye vers la mairie du 6ᵉ arrondissement; quelques instans après, on entendit le feu qui s'engageait à la barricade de la rue Grenétat; ainsi il résulterait de là que vous étiez un des défenseurs de cette barricade.

R. Cela n'est pas. Le témoin peut bien avoir dit m'avoir vu dans un groupe, mais je n'y étais pas; et il ne pourrait pas soutenir cela devant moi.

D. Ce groupe venait de la mairie du 7ᵉ arrondissement, et deux personnes qui se trouvaient à cette mairie ont dit que votre figure ne leur était pas inconnue. L'un de ces deux témoins a déclaré qu'il croyait bien vous avoir vu au nombre des insurgés qui ont pénétré dans cette mairie; ces déclarations paraîtraient confirmer celles des autres témoins.

R. Il est très-possible que des témoins m'aient vu dans Paris et se rappellent ma figure, mais je vous assure que je n'étais pas là.

D. Vous avez dit que vous étiez sorti pour aller porter de l'ouvrage. Cependant ce n'est pas à une heure aussi avancée, un dimanche, que l'on va ordinairement rendre de l'ouvrage; d'ailleurs l'insurrection devait vous faire penser que la boutique serait fermée, et que vous ne trouveriez personne.

R. La boutique de mon bourgeois est ordinairement ouverte jusqu'à cinq heures les dimanches, et d'ailleurs j'avais besoin d'argent.

D. Pourquoi, le lundi, n'êtes-vous pas allé porter votre ouvrage?

R. Ma logeuse se trouvait avoir une course à faire dans le quartier Saint-Denis, et je la priai de porter mon ouvrage.

D. Ne faisiez-vous pas partie d'une société politique?

R. Non, Monsieur; jamais je n'ai fait partie d'aucune société politique.

D. Mais est-ce qu'on ne vous a pas proposé de faire partie d'une société politique?

R. Non, Monsieur, jamais.

D. Ne vous a-t-on pas parlé de société politique?

R. Non, Monsieur, jamais.

D. Vous dites que vous êtes sorti vers quatre heures. Il résulte de la déclaration de la femme *Bourguignon* que vous n'êtes rentré qu'à huit heures du soir. Qu'avez-vous fait pendant tout ce temps?

R. J'ai été pour aller voir ma maîtresse, la fille *Félicité Lefrais*, qui était chez Madame *Édouard*, boulevard de l'Hôpital (c'est une maison de tolérance); mais je n'y suis point entré, et je suis allé à la barrière des Deux-Moulins. J'y suis resté jusque vers sept heures et demie; j'ai bu un litre et mangé un morceau chez un marchand de vin que je ne pourrais pas vous indiquer, et le reste du temps je me suis promené.

D. Mais qui est-ce qui vous a détourné du dessein que vous aviez d'aller voir votre maîtresse?

R. C'est parce que c'était un dimanche, et que je n'étais pas habillé; puis j'avais promis de lui faire cadeau d'une collerette, et je n'avais pas l'argent pour la lui acheter; je devais aussi lui porter une paire de souliers que je n'avais pas.

D. Avez-vous été arrêté d'autres fois?

R. J'ai été arrêté en 1832 pour les affaires de juin; j'avais alors 17 ans. J'ai été acquitté par la cour d'assises.

D. Ne faisiez-vous pas alors partie de la société des Droits de l'homme?

R. Non, Monsieur, jamais; j'étais d'ailleurs trop jeune, mais j'en ai entendu parler alors à Sainte-Pélagie par les autres détenus.

4e interrogatoire subi par *Hendrick,* le 9 juillet 1839, devant M. Jourdain, Juge d'instruction délégué.

D. Persistez-vous à dire que vous n'avez pas été en armes parmi les insurgés du 12 mai dernier?

R. Non, Monsieur, je n'y ai pas été: je persiste dans tout ce que j'ai déclaré; j'ai dit toute la vérité.

D. Vous nous avez dit que vous aviez été empêché d'aller voir la fille *Félicité Lefrais* parce que vous lui aviez promis une collerette et une paire de souliers que vous n'aviez pas; cette fille a déclaré positivement que vous ne lui aviez rien promis.

R. Elle ne dit pas la vérité, car ce que je vous ai dit est vrai.

D. Vous saviez bien que vous ne pouviez pas aller la voir le dimanche, car on ne permet pas aux filles des maisons de tolérance de recevoir leurs amants le dimanche.

R. Jamais, chez la dame *Édouard,* on ne m'a empêché d'aller la voir le dimanche, et partout où la fille *Félicité* s'est trouvée, on m'a permis d'y aller le dimanche; on ne m'en a empêché nulle part.

D. Dans votre premier interrogatoire devant les membres de la commission d'enquête de la Cour des Pairs, vous avez dit que vous aviez vu une barricade dans la rue aux Ours; or, vous deviez y être au moment du pillage des armes de MM. *Lepage*, ou pendant l'attaque de la barricade Grenétat, car il a été fait une barricade au moment du pillage des armes; cette barricade a été défaite presque aussitôt le départ des insurgés par la garde municipale, et il n'en a plus été fait qu'au retour des insurgés et au moment de l'attaque de la barricade de la rue Grenétat?

R. Il faut bien que cette barricade soit restée pendant un peu de temps, puisque je n'ai vu ni gardes municipaux, ni insurgés; cependant j'ai vu la barricade. Ayant trouvé le passage Saucède fermé, je suis revenu prendre la rue aux Ours; j'ai pris la rue Saint-Martin, que j'ai descendue; j'ai suivi la rue des Arcis tout droit, jusqu'au pont Notre-Dame, et de là à la barrière des Deux-Moulins, comme je vous l'ai dit.

D. Vous dites que vous alliez porter de l'ouvrage; qu'avez-vous donc fait de cet ouvrage, puisque vous n'aviez pas pu le déposer chez votre maître?

R. Je l'ai emporté avec moi, et l'ai rapporté; c'était un très-petit paquet que j'ai gardé sous mon bras, et ce n'était pas embarrassant.

D. Mais quelque peu embarrassant que fût ce paquet, vous pouviez bien le déposer chez vous, en passant si près de votre domicile?

R. Je n'y ai pas pensé; d'ailleurs, j'avais l'idée d'aller chez la fille *Lefrais*, et en emportant mon ouvrage je trouvais l'occasion de lui prouver que je n'avais pas eu le temps de lui faire les souliers que je lui avais promis.

D. Si vous aviez ainsi une explication toute prête, ce n'est donc pas le défaut de souliers à lui donner qui vous empêchait d'aller chez elle?

R. Je n'étais pas habillé; c'est aussi pour cela que je n'y suis pas entré. Je n'avais d'ailleurs que peu d'argent; je n'avais que de quoi faire mon repas et boire un litre de vin.

D. Il paraît que vous étiez avec les insurgés au pillage des armes de *Lepage*, que vous vous êtes joint à eux en route, car on vous a vu rue des Arcis, au moment où les insurgés descendaient vers le quai, et vous étiez alors armé d'un fusil.

R. Cela n'est pas; les témoins qui disent cela ne peuvent pas m'avoir vu.

D. Les témoins qui vous ont vu armé d'un fusil dans la rue Saint-Jacques-la-Boucherie et rue des Arcis vous connaissaient auparavant, et ils n'ont pas pu se méprendre.

R. Ils n'ont pas pu dire m'avoir vu armé d'un fusil, car je n'en ai pas pris.

D. Le capitaine qui commandait le poste de l'Hôtel-de-Ville a déclaré qu'il croyait pouvoir affirmer que vous étiez au nombre des insurgés qui ont attaqué ce poste, et le tambour de la 12e légion, qui était de service au même poste, a déclaré qu'il vous reconnaissait parfaitement pour vous avoir vu dans le groupe qui avait attaqué le poste, et qu'il vous avait entendu crier : *A bas la tyrannie !*

R. Le tambour et le capitaine prennent ça sous leur bonnet ; cela n'est pas vrai.

INTERROGATOIRES DE LOMBARD.

LOMBARD (Louis-Honoré), *âgé de 22 ans, ouvrier ciseleur, né à Vitry-sur-Seine (Seine), demeurant à Paris, passage de Rome.*

1er interrogatoire subi, le 29 mai 1839, devant M. Cabuchet, Commissaire de police.

L'an mil huit cent-trente-neuf, le mercredi vingt-neuf mai, à quatre heures et demie du soir.

Devant nous, *Michel-Victor Cabuchet,* commissaire de police de la ville de Paris, et spécialement du quartier Saint-Martin-des-Champs, officier de police judiciaire, auxiliaire de M. le Procureur du Roi,

S'est présenté le sieur *Rousset,* inspecteur de police de l'attribution de la 2e brigade centrale, lequel nous a dit qu'après diverses recherches il vient de découvrir l'atelier où travaille le nommé *Lombard* (*Louis*), ouvrier ciseleur; qu'il lui a notifié copie du mandat d'amener décerné contre lui par M. *Perrot,* juge d'instruction, délégué par M. le Président de la Cour des Pairs, et qu'il amène devant nous cet inculpé, en nous remettant un autre mandat du même juge d'instruction prescrivant qu'il soit fait perquisition au domicile dudit *Lombard.* Immédiatement nous avons interpellé ce dernier ainsi qu'il suit :

D. Quels sont vos nom, prénoms, âge, lieu de naissance, profession et demeure?

R. Je me nomme *Lombard* (*Louis-Honoré*), âgé de 22 ans, né à Vitry-sur-Seine, ouvrier ciseleur, demeurant depuis trois semaines environ passage de Rome, escalier n° 12, au 5e étage, dans le cabinet occupé par le nommé *Fétu.*

D. Où travaillez-vous ?

R. Depuis environ deux mois, je travaille de mon état de ciseleur en pendules chez M. *Martinet,* fabricant de bronze, passage de Rome, près l'escalier n° 24; c'est là que mon camarade *Fétu* travaille en qualité de tourneur en cuivre.

D. Le dimanche 12 de ce mois, vers cinq heures du soir, vous avez été remarqué rue du Temple, non loin de la rue Phelippeaux; vous faisiez partie d'un groupe d'insurgés armés, et vous-même étiez porteur d'un fusil. Il est établi que vous aviez par-dessus votre blouse une ceinture rouge : cette ceinture n'était-elle pas formée d'un morceau de serge que le sieur *Alphonse Legoux,* l'un des commis du sieur *Duclos,* marchand de nouveautés, rue du Temple, n° 81, a jeté par la croisée aux insurgés, dans la crainte de voir enfoncer le magasin de son patron?

R. J'avoue que j'avais alors sur ma blouse ma cravate rouge en forme de ceinture. Quant au morceau d'étoffe rouge jeté par le commis de M. *Duclos,* il a été ramassé par un jeune homme bien vêtu en habit, qui avait comme ceinture un foulard dans lequel étaient passés des pistolets.

D. D'où provenait le fusil dont vous étiez armé?

R. J'étais rue du Temple, entre les rues Chapon et des Gravilliers lorsqu'une trentaine d'individus, presque tous armés, et qui venaient de la rue Michel-le-Comte, ont voulu faire un mauvais parti à un sapeur pompier qui courait en se dirigeant vers le boulevard. Je les ai engagés à laisser passer ce militaire; lui-même le déclarera, si on le retrouve. Mais alors les individus armés m'ont traité de fainéant, et m'ont contraint de recevoir d'eux un fusil sans baïonnette et à deux coups. Ils menaçaient de coups de fusil ceux qui les quitteraient, et cette crainte m'a fait les suivre. Près le marché du Temple celui qui avait les pistolets sous son foulard, et qui avait l'air de commander, m'a dit de donner ma cravate rouge pour faire un drapeau; j'ai répondu que j'en avais besoin pour soutenir mon pantalon, et je l'ai mise comme ceinture. Ces hommes armés m'ont emmené par les rues Simon-le-Franc et Maubuée à la rue Saint-Martin, où la troupe a fait feu sur nous. Je me suis sauvé du côté de la Halle, et plusieurs de mes amis m'ayant dit de me défaire de ce fusil, dont j'étais très-embarrassé, je l'ai jeté près de la Halle-aux-Poissons. Il était alors nuit tombante; je suis allé rue de la Grande-Truanderie (en face la cour Batave), et ne pouvant passer, je suis resté dans une allée jusqu'au jour.

D. Quels sont ceux de vos amis qui vous ont engagé à vous défaire du fusil que vous portiez?

R. Ce sont des jeunes gens que je ne connais que de vue.

D. Vers cinq heures n'avez-vous pas demandé une pierre à fusil à un habitant de la rue du Temple?

R. Oui, je l'ai demandée à M. *Delcus,* ciseleur rue du Temple n° 101, mais il ne m'a rien répondu.

D. Ne vous a-t-on pas fait charger votre arme?

R. Oui, il y a un jeune homme qui y a mis une balle sans poudre; mais je n'ai pas tiré.

Immédiatement, nous, commissaire de police, étant accompagné dudit inspecteur *Rousset,* du sieur *Joube,* garde municipal à pied de la 2e compagnie, en présence desquels avait eu lieu le précédent interrogatoire, et du sieur *Turc,* garde municipal à pied de la 6e compagnie, nous avons conduit le nommé *Lombard* passage de Rome (rue des Gravilliers, n° 28), où étant, au cinquième étage, par l'escalier n° 12, dans un cabinet occupé par le nommé *Fétu* (*Jean-Baptiste-François-Joseph*), et en présence de ce dernier, qui nous a dit que *Lombard* couche avec lui depuis quinze jours ou trois semaines, nous avons fait dans ce cabinet une exacte perquisition, et nous n'avons trouvé à y saisir que 1° un morceau de mérinos lisse, de couleur rouge passé, plié en forme de cravate (*Lombard* a dit que c'était celle qu'il portait le 12 courant); 2° une grande ceinture rouge à franges de cuivre doré. *Lombard* a déclaré que cette ceinture fait partie de son costume d'Hercule, attendu qu'il donne dans les lieux publics des séances d'agilité.

Nous, commissaire de police, constatons en effet qu'il existe dans ce cabinet un costume de saltimbanque pouvant se rapporter à la profession annoncée par l'inculpé, et en outre quelques affiches à la main annonçant des exercices de force et d'agilité.

Quoi qu'il en soit, nous avons réuni en un scellé les deux objets mentionnés ci-dessus, et le nommé *Lombard* en a signé l'étiquette avec nous.

Nos recherches n'ayant pas eu d'autre résultat, nous avons clos le present.

2e interrogatoire subi par *Lombard*, le 10 juin 1839, devant M. Perrot, Juge d'instruction délégué.

D. Avez-vous déjà été arrêté ou repris de justice?

R. Jamais.

D. Persistez-vous dans votre précédent interrogatoire devant le commissaire?

R. Oui.

D. Vous prétendez que vous avez été forcé par les insurgés à marcher avec eux, et qu'ils vous ont contraint à prendre un fusil à deux coups?

R. Oui.

D. Ce qui prouverait le contraire et que vous étiez bien d'accord avec eux, c'est que vous êtes entré chez le sieur *Delcus*, ciseleur, pour y demander une pierre à fusil.

R. Non. Je n'y suis pas entré; il était sur sa porte, et c'est en passant que je la lui ai demandée: deux individus venaient de me plaisanter parce que mon fusil n'était pas chargé et n'avait pas même de pierre; c'est ce qui m'a poussé à en demander une au sieur *Delcus*.

D. Vous avez dit que c'était de vos amis qui vous avaient engagé à jeter votre fusil près de la Halle-aux-Poissons?

R. C'est vrai, et beaucoup de personnes encore.

D. Vous n'avez pas voulu nommer ces prétendus amis, ce qui prouve que vous étiez avec eux d'une réunion d'insurgés?

R. Je ne connais pas les personnes qui m'ont engagé à jeter mon fusil.

D. Si vous ne les aviez pas connues, vous n'auriez pas dit que c'était de vos amis?

R. Je me suis servi de cette expression, parce que les personnes qui m'ont fait jeter mon fusil m'ont donné en cela une marque d'intérêt.

D. Ne vous surnomme-t-on pas *Charles?*

R. Non.

D. Qu'avez-vous fait le lundi?

R. J'ai été travailler toute la journée chez mon patron, le sieur *Fêtu,* fabricant de bronzes, rue des Gravilliers, n° 10. Le dimanche, j'avais travaillé jusqu'à trois heures et demie, quatre heures moins un quart.

3e interrogatoire subi par *Lombard*, le 7 juillet 1839, devant M. Perrot, Juge d'instruction délégué.

D. Persistez-vous dans vos précédents interrogatoires?

R. Oui.

D. Vous avez dit avoir été armé rue du Temple, par contrainte?

R. Oui, d'un fusil à deux coups. J'ai menti la première fois, en disant que j'avais jeté ce fusil près la Halle-aux-Poissons; je l'ai déposé dans l'allée, maison du boucher, qui est dans un enfoncement de la rue passant derrière Saint-Eustache et qui aboutit à la Halle-aux-Poissons, en face la fontaine. J'ai même remis ce fusil à un individu qui me l'a pris en me disant qu'il était le boucher; il pouvait être environ sept heures du soir.

D. D'où veniez-vous en ce moment?

R. Je revenais de la rue rue Saint-Honoré, où j'avais quitté le groupe avec lequel j'étais.

D. Où vous étiez-vous réuni à ce groupe?

R. Rue du Temple, entre la rue Chapon et la rue des Gravilliers, près de la rue Michel-le-Comte. C'est là que j'ai sauvé la vie du sapeur-pompier qui courait du côté du boulevard, en venant du côté de la Grève.

D. Quelle heure était-il?

R. Il pouvait être environ quatre heures et demie.

D. Où êtes-vous allé d'abord?

R. Vers le marché du Temple. J'avais alors le fusil à deux coups et à pierre qu'on m'avait forcé de prendre; et c'est parce que deux individus qui étaient en ribote, et qui descendaient la rue, m'ont *blagué*, en me disant : *En voilà un tireur, qui n'a pas seulement de pierre à son fusil*, que je me suis approché de M. *Delcus*, qui était sur sa porte, et que je lui ai demandé une pierre à fusil, qu'il m'a refusée.

D. Après cela où êtes-vous allé ?

R. Nous avons redescendu la rue du Temple jusqu'à la rue Simon-le-Franc, que nous avons prise; puis la rue Maubuée, en suivant les autres rues qui nous ont conduits à la Halle et à la rue Saint-Honoré.

D. Dans ce trajet, avez-vous pris part à quelque fusillade ?

R. Non. Seulement, rue Saint-Martin un individu m'a mis une pierre à mon fusil et a cherché à glisser une balle dans l'un des canons où elle est restée au milieu. Il sera facile de voir que ce fusil n'a pas fait feu.

D. Avez-vous rencontré de la troupe?

R. Non; j'ai seulement entendu dire qu'il y en avait à la porte Saint-Denis et à la porte Saint-Martin.

D. Cependant vous avez dit précédemment qu'en quittant la rue du Temple vous étiez allé rue Saint-Martin, où la troupe avait fait feu?

R. Il est vrai que j'ai entendu la troupe faire feu du côté de la porte Saint-Martin, et c'est pour cela que nous sommes allés du côté des halles.

D. D'après l'instruction, il ne paraît pas que vous disiez la vérité?

R. J'ai dit la vérité.

D. Vous l'avez dite en ce qui concerne le sieur *Delcus;* vous étiez connu de lui, et vous sentiez bien qu'il n'était pas possible de nier que vous lui eussiez demandé une pierre à fusil.

R. Oui, Monsieur.

D. C'était vers quatre heures et demie que vous faisiez cette demande au sieur *Delcus?*

R. Oui, à peu près.

D. Vous dites qu'ensuite vous êtes descendu jusqu'à la rue Simon-le-Franc, et qu'ensuite vous êtes allé du côté des halles et de la rue Saint-Honoré?

R. Oui.

D. Vous ne parlez pas du pillage qui a eu lieu chez le sieur *Laroully,* quincaillier, rue Sainte-Avoye, dont la devanture, qui était fermée, a été enfoncée à coups de hache par votre bande?

R. Il est vrai que quand nous sommes arrivés à la rue Simon-le-Franc, nous avons vu des individus qui frappaient à coups de hache sur cette boutique, mais nous avons continué notre chemin, et je ne sais pas ce que les insurgés sont devenus. Ils étaient avec nous rue du Temple; nous sommes partis avant eux; ils nous ont appelés, mais nous ne les avons pas écoutés.

D. Connaissez-vous quelqu'un de ces insurgés?

R. Non.

D. En avez-vous reconnu depuis que vous êtes en prison?

R. Non.

D. En reconnaîtriez-vous.

R. Non. Un nommé *Mothe,* qui se trouve comme moi à la Conciergerie, m'a dit qu'il me reconnaissait pour m'avoir vu rue Saint-Honoré avec mon fusil.

D. Le connaissiez-vous auparavant?

R. Non.

D. Vous émettez un système que vous construisez bien péniblement. Et d'abord un sieur *Raquin* croit vous reconnaître pour vous avoir vu dans la bande qui enfonçait à coups de hache la boutique du sieur *Laroully?*

R. Ce monsieur peut se tromper; j'y ai passé, il est vrai, mais je n'y suis pas resté. Quand on a parlé d'enfoncer la boutique, je me suis en allé avec quelques autres rue Simon-le-Franc, et, de loin, nous avons vu et entendu qu'on enfonçait la porte; il y avait même un insurgé en sentinelle près la rue des Blancs-Manteaux, qui avait voulu nous empêcher de passer.

D. Vous connaissez un nommé *Charles*, ouvrier chapelier?

R. Non.

D. Cet individu déclare qu'il vous connaissait antérieurement aux événements.

R. Je ne connais pas de chapelier de ce nom. Il est vrai qu'il y a beaucoup d'individus qui me connaissent, parce que je donne des séances dans les divers théâtres de Paris.

D. Le sieur *Charles* vous a reconnu positivement à la porte du sieur *Laroully*, au moment du pillage, et il vous y a vu mettant une pierre à votre fusil.

R. C'est faux.

D. Sa déclaration en ce point confirme celle du sieur *Raquin*, qui dépose aussi de cette circonstance que vous auriez mis une pierre à votre fusil.

R. Il est vrai qu'avant que la boutique fût enfoncée, un individu a voulu me mettre une pierre à mon fusil, qu'il a même demandé, pour cela, un couteau à une dame qui se trouvait là; mais il n'a pu venir à bout de visser le chien. C'est le même individu qui, dans la rue Saint-Martin, m'a mis une pierre avec un couteau qu'il a emprunté à l'un de ses camarades.

D. Vous ne dites pas vrai encore; les pierres à fusil ont été prises dans la boutique du sieur *Laroully;* or, elles n'ont pu l'être qu'après que cette boutique a été enfoncée?

R. L'individu qui m'a mis une pierre à mon fusil en avait trois avant que la boutique fût enfoncée.

D. Le sieur *Charles* vous reconnaît si bien, qu'il s'est approché de vous, et vous a dit: *Que fais-tu là, malheureux?*

R. Je n'ai remarqué personne qui m'ait dit cela.

D. Après le pillage du sieur *Laroully*, chez lequel on a pris, indépendamment des pierres à fusil, plusieurs merlins et barres d'acier, ainsi que son fusil, sa giberne et son sabre, votre bande est allée piller le magasin d'armes du sieur *Merville*, rue Pastourelle, n° 9.

R. Je répète que je n'ai vu enfoncer que de loin la boutique du quincaillier, et j'ignore si on y a pris les objets dont vous venez de parler. J'ajoute que je ne suis pas allé rue Pastourelle, puisque avec une partie de la bande j'ai pris une direction tout opposée, par la rue Simon-le-Franc. Il est vrai que j'avais passé devant la rue Pastourelle la première fois, quand nous étions montés vers le marché du Temple, mais je ne suis pas entré dans cette rue, et je n'ai pas vu les autres y entrer, soit dans ce moment, soit plus tard. J'ai entendu dire, après les affaires, qu'on avait tiré dans cette rue-là; mais je n'en ai pas eu personnellement connaissance.

D. Le sieur *Villemant,* concierge de la maison du sieur *Merville,* vous reconnaît positivement pour avoir fait partie de ceux qui sont venus piller le magasin d'armes du sieur *Merville ?*

R. Ceci est faux; je ne suis pas entré dans la rue Pastourelle; nous nous sommes arrêtés rue du Temple, en face cette rue et la rue des Gravilliers; avant de monter au marché du Temple, j'avais déjà mon fusil, je me suis sauvé par la rue des Gravilliers, du côté de la rue des Vertus; quelques insurgés ont couru après moi et m'ont ramené à l'entrée de la rue Pastourelle.

D. Le sieur *Villemant* appuie sa reconnaissance de circonstances qui ne permettent guère d'en douter; car il dit que vous aviez une ceinture rouge, ce dont vous convenez vous-même.

R. Oui, je conviens que, n'ayant pas de bretelles à mon pantalon, j'ai ôté ma cravate rouge et l'ai mise autour de mon corps pour soutenir mon pantalon.

D. Il paraît que vous aviez engagé dans cette ceinture une espèce de couteau de chasse?

R. C'est faux; c'était une baïonnette qu'un des insurgés m'avait prié de lui tenir quelque temps; il a disparu, et je l'ai engagée dans ma cravate. Plus tard, il est revenu me la demander, et je la lui ai rendue.

D. Où étiez-vous quand vous avez eu votre fusil?

R. Je sortais de chez mon bourgeois, j'avais été me nettoyer chez mon camarade *Fêtu,* et je me trouvais près de la rue Michel-le-Comte.

D. Savez-vous d'où venait ce fusil?

R. Non.

D. Ne venait-il pas de chez le sieur *Hautelet,* armurier, rue Michel-le-Comte, qui venait d'être pillé?

R. Je n'ai pas connaissance de ce pillage; à quatre heures je n'avais pas encore connaissance des troubles.

D. Le sieur *Villemant* ajoute qu'après avoir pillé le magasin d'armes du sieur *Merville,* la bande dans laquelle il vous a vu armé alla au bout de la rue Pastourelle, au carrefour où se réunissent cette rue et celles des Enfants-Rouges, du Grand-Chantier et d'Anjou; qu'une seconde bande vint lui demander des armes, et qu'il répondit qu'elles étaient prises; qu'il vit les insurgés, au carrefour, renverser un fiacre, puis deux tonneaux de porteur d'eau, puis prendre les volets de la fruitière et les établis du menuisier, et former une barricade.

R. Je n'ai pas connaissance de cela.

D. La barricade construite, le sieur *Villemant* vit huit ou dix des insurgés repasser devant sa porte et aller se poster au coin de la rue du Temple, et il dit que vous n'étiez pas parmi ces derniers, d'où la conséquence que vous étiez resté à la barricade.

R. Cela est faux; je n'ai pas eu connaissance qu'il y ait eu de barricades par là.

D. Le sieur *Villemant* dit enfin que, trois quarts d'heure après la confection de la barricade, la troupe de ligne arriva par la rue d'Anjou et qu'elle essuya une première décharge des insurgés, auxquels elle riposta; que les insurgés tirèrent encore et qu'ils s'enfuirent en disant qu'ils n'avaient plus de munitions.

R. C'est faux; je ne connais pas cela.

D. Je vous rappelle que les insurgés ont tué et blessé plusieurs militaires dans cette fusillade, et que, d'après la déclaration du sieur *Villemant,* il paraît bien que vous êtes l'un de ceux qui ont commis ces attentats.

R. C'est faux; aucun de ces insurgés, du moins de ceux qui étaient avec moi, n'avaient de munitions, et aucun d'eux n'a tiré dans les rues que nous avons parcourues.

D. Ce qui prouve que vous preniez une part active à la révolte et aux brigandages qui se commettaient, c'est que *Fêtu*, chez lequel vous couchiez, s'est couché à dix heures du soir et que vous n'étiez pas encore rentré.

R. C'est vrai; je ne suis rentré qu'à cinq heures du matin, après avoir passé la nuit dans une allée d'une rue dont je ne connais pas le nom.

D. Il n'est pas croyable que vous n'eussiez pas trouvé le moyen de rentrer chez *Fêtu;* si vous ne l'avez pas fait, c'est que vous aviez sans doute de grandes craintes et que vous avez voulu laisser passer la première nuit, pendant laquelle on aurait pu venir vous arrêter à votre domicile.

R. Je ne craignais rien du tout. Ayant vu des soldats rue Saint-Denis, je me suis glissé dans une allée, où je suis resté jusqu'au petit jour.

D. Dans ce moment, n'ayant plus de fusil, qu'aviez-vous à craindre?

R. Je craignais que la troupe et les insurgés ne tirassent les uns sur les autres, et de me trouver atteint dans la lutte.

D. Vous étiez pour ainsi dire sans asile, et vous aviez été obligé, depuis trois semaines, de demander l'hospitalité à *Fêtu?*

R. J'avais mon garni rue du Grenier-Saint-Lazare, n° 11; c'est *Fêtu* qui m'a engagé à venir coucher dans son logement, parce qu'il s'y ennuyait tout seul.

D. Vous avez travaillé chez le sieur *Lourmand,* et il déclare que vous travailliez sans suite, que vous sautiez continuellement sur les tables, que vous dérangiez les autres, que vous ameniez chez lui des individus suspects, et que ce sont tous ces motifs qui l'ont fait vous renvoyer?

R. C'est faux, car c'est moi qui me suis en allé de moi-même, disant que je ne remettrais plus jamais les pieds dans la maison.

D. Pourquoi?

R. Parce que M. *Lourmand* a été injuste envers moi, en me diminuant les prix de certains ouvrages. Un autre ouvrier était sorti pour ce motif; il est revenu, et je lui dis qu'il n'avait pas de cœur: c'est alors que j'ai dit au sieur *Lourmand* que je ne reviendrais jamais dans son atelier.

D. Vous n'avez pas voulu nommer au moins quelques-uns des insurgés qui étaient avec vous; vous en connaissez évidemment, puisque vous avez dit vous-même que c'étaient vos amis qui vous avaient engagé à jeter votre fusil.

R. Je répète encore que je me suis servi du nom d'ami, voyant que les personnes qui m'engageaient à jeter mon fusil s'intéressaient à moi.

D. Je vous invite à descendre en vous-même et à racheter, par la sincérité de vos déclarations, la part évidente que vous avez eue aux attentats des 12 et 13 mai dernier.

R. Je persiste dans mes réponses: je n'ai jamais fait partie de sociétés politiques, et je ne me suis jamais mêlé dans les troubles.

4e interrogatoire subi par *Lombard*, le 17 août 1839, devant M. Perrot, Juge d'instruction délégué.

D. Persistez-vous dans vos précédents interrogatoires?

R. Oui, je persiste dans les réponses que je vous ai faites.

D. Vous avez dit qu'il était facile de voir que ce fusil n'avait pas fait feu?

R. Oui.

D. Le sieur *Duval* boucher rue Traînée, n° 5, auquel vous avez déposé ce fusil, déclare que l'état des bassinets annonçait qu'il avait servi.

R. Il se trompe.

D. Il paraît que les pierres étaient trop larges; et ce qui vient à l'appui de la déclaration du sieur *Duval,* c'est qu'on voyait le frottement desdites pierres sur les canons.

R. Je n'ai pas même vu si les pierres étaient ou non trop larges. Je me rappelle que le jeune homme qui y a mis une pierre, rue Saint-Martin, a frappé sur cette pierre avec un couteau, et que les coups du couteau auraient pu porter sur les canons.

D. Le sieur *Duval* avait envoyé ce fusil à son frère, demeurant à Linao, dans l'état où vous le lui aviez remis; celui-ci l'a remis à un armurier, lequel déclare qu'une balle était engagée dans le canon droit, où elle n'avait pu parvenir jusqu'à la poudre, et que cette poudre était de celle dont on se sert pour la chasse.

R. Je ne pourrais pas vous dire, car il a été chargé par le même jeune homme.

D. L'armurier déclare encore qu'il a engagé la baguette dans le canon gauche, et qu'elle en est revenu noire, comme d'un fusil qui a tiré.

R. Tout ce que je puis dire, c'est que ce n'est pas moi qui l'ai tiré.

D. Vous aviez eu ce fusil, d'après votre propre aveu, près de la rue Michel-le-Comte; c'était au commencement de l'insurrection; dès lors, si ce fusil avait servi au moment où vous l'avez déposé au sieur *Duval,* vous seul aviez pu en faire usage?

R. Oui, quand on me l'a remis il n'avait point encore été chargé; et il n'avait pas même de pierres.

D. Vous convenez par là que vous avez fait feu avec le fusil?

R. Non, je puis affirmer que je n'ai fait feu ni avec ce fusil, ni avec aucun autre.

D. Vous n'aviez fait que déposer ce fusil au sieur *Duval,* avec l'intention de le reprendre, ce qui établit encore que si l'insurrection continuait vous vouliez continuer aussi d'y prendre part.

R. Je lui ai dit que je viendrais le reprendre, mais telle n'était pas mon intention; il ne voulait pas le recevoir, et je lui ai dit cela pour pouvoir m'en débarrasser plus vite.

D. Parmi les insurgés qui ont construit la barricade, au carrefour des rues Pastourelles, d'Anjou, du Grand-Chantier et des Enfants-Rouges, on en a vu quelques-uns ayant des ceintures rouges, un, notamment, en blouse bleue, ayant un fusil à deux coups, et une arme blanche engagée dans sa ceinture rouge. Or, cette désignation s'applique parfaitement à vous, car vous aviez, de votre propre aveu, une baïonnette engagée dans votre ceinture; il est donc très-vraisemblable que vous avez pris part, soit à la construction de la barricade, soit à la fusillade par suite de laquelle des sous-officiers et soldats de la troupe de ligne ont été tués et blessés dans cette circonstance

R. Je repète encore que je n'ai pas été par là.

D. Avez-vous quelque chose à ajouter?

R. Non, si ce n'est que je proteste de toutes mes forces que je n'ai aucune connaissance de cette barricade, et de ce qui s'y est passé.

Nous avons représenté à l'inculpé *Lombard* le fusil déposé par le sieur *Duval,*

Et il a dit : «C'était bien un fusil à deux coups à pierres, comme «celui-ci, mais je ne pourrais dire si c'est le même.»

INTERROGATOIRE DE SIMON.

SIMON (Jean-Honoré), *âgé de 22 ans, ouvrier chapelier, né à la Mauffé (Manche), demeurant à Paris, passage Pecquet, n° 15.*

1er interrogatoire subi, le 13 mai 1839, devant M. Berthelin, Juge d'instruction.

D. Où avez-vous été arrêté?

R. J'ai été arrêté rue Saint-Magloire. A une heure, j'ai quitté mon atelier, rue Bourtibourg, n° 17; j'ai été chez ma blanchisseuse, passage Pecquet, puis chez mon coiffeur, rue Mauconseil, et qui se nomme *Cochard*. Sa boutique était fermée; et, comme je retournais chez moi, je fus arrêté rue Saint-Magloire, à sept heures du soir, par un capitaine de garde nationale, qui me fit conduire à la mairie du 6e arrondissement.

Jamais arrêté.

2e interrogatoire subi par *Simon*, le 15 juillet 1839, devant M. Jourdain, Juge d'instruction délégué.

D. N'avez-vous pas fait partie d'une association politique?

R. Non, Monsieur.

D. Pouvez-vous nous dire d'où provient ce papier, qui a été saisi chez vous, et sur lequel sont écrites quelques lignes commençant ainsi : *Dieu des républicains,* et au bas duquel on lit : *Paroles de Larue à la tribune,* et que je vous représente?

R. Je n'en sais rien. Ce papier était dans une vieille boîte où étaient les ordures; il est encore tout sali : je ne puis vous dire qui l'a apporté dans mon domicile; il y était peut-être avant que je n'y fusse.

D. Qui vous a engagé à vous joindre aux insurgés dans la journée du dimanche, 12 mai dernier?

R. C'est un individu en redingote, grand et bien mis; il avait un fort collier de barbe et des moustaches; il pouvait avoir 28 à 30 ans; il était armé d'un fusil. Je sortais du passage Pecquet; j'avais entendu dire que les insurgés étaient du côté du Temple; je sortis du côté opposé, lorsque je rencontrai un groupe dans lequel je vis l'individu dont je viens de vous parler; il me prit au collet, il me dit : «Il faut que tu marches avec nous.» Je lui répondis que j'étais malade, que d'ailleurs ce n'était pas mon affaire; en s'adressant à un autre, il dit : «Fusillez-le s'il ne veut pas marcher,» et il me remit un pistolet et des billes et me fit marcher avec eux; il m'avait appuyé le canon de son fusil sur la blouse, qui en était encore marquée au bord sur le devant, au moment où j'ai été arrêté.

D. Mais, outre ce pistolet, vous aviez été armé d'un fusil, car on vous a vu dans la rue Sainte-Avoye, porteur d'un fusil, dans un groupe qui enfonçait la boutique d'un quincaillier, et deux témoins vous ont parfaitement reconnu.

R. Je vous assure que cela n'est pas : lorsque j'ai été rencontré et emmené par les insurgés, comme je viens de vous le dire, j'étais au coin de la rue Saint-Méry et de celle Saint-Martin; j'ai suivi les insurgés rue Aubry-le-Boucher, jusqu'au marché des Innocents; j'ai mis le pistolet dans ma poche, Arrivés au marché des Innocents, les insurgés ont remonté la rue Saint-Denis; là, je me suis éloigné d'eux et je suis allé jusqu'au marché. J'ai entendu, en effet, dire par un marchand de vin, au coin du marché, qu'on avait pillé la boutique d'un quincaillier, rue Sainte-Avoye, mais je n'y étais certainement pas. J'étais sorti de chez moi un instant avant de rencontrer les insurgés; il était alors environ six heures un quart.

D. Mais je vous ferai observer que l'un des deux témoins, qui a déclaré vous avoir vu dans la rue Sainte-Avoye, est chapelier comme vous et qu'il vous connaît; il ne peut pas, par conséquent, se tromper sur l'identité de votre personne.

R. Cela n'est pas : celui qui a dit cela, c'est quelqu'un qui m'en veut.

D. Vous avez fait usage du pistolet, car il avait fait feu?

R. Je ne sais pas s'il a fait feu; mais s'il a fait feu, ce n'est pas moi qui l'ai tiré.

D. Le passage *Pecquet* donne rue Sainte-Avoye: n'est-ce pas plutôt là que vous avez rencontré les insurgés et que vous vous êtes joint à eux?

R. Non, Monsieur.

D. Mais, si, comme vous le dites, vous ne marchiez pas avec les insurgés, et si vous n'étiez pas volontairement avec eux, pourquoi, au lieu de prendre la rue Aubry-le-Boucher, qu'ils avaient quittée et qui était le chemin le plus court pour retourner chez vous, du marché des Innocents, avez-vous remonté la rue Saint-Denis, où les insurgés s'étaient retirés et où l'on se battait?

R. C'était mon plus court chemin, je suivais la troupe.

D. Il est plus probable que vous vous étiez joint aux insurgés rue Sainte-Avoye, et que vous les aviez suivis jusque dans les rues Grenétat, Bourg-l'Abbé, rues aux Ours, Salle-au-Comte et Saint-Magloire où étaient les barricades qui venaient d'être enlevées, lorsque vous avez été arrêté.

R. Je vous assure que je ne les ai pas suivis, ainsi que je viens de le dire.

Nous avons ensuite représenté à l'inculpé un sac gris, scellé, que nous avons ouvert, et nous y avons trouvé un petit pistolet de poche à pierre, non chargé, dont le bassinet est crasseux et rouillé, et dont la pierre présente au-dessous une trace de crasse; dix-sept billes de marbre, une paire de ciseaux, un tourne-vis et quatre cartouches à balles, à moitié défaites : deux de ces cartouches sont en papier gris et deux en papier bleu.

Nous avons représenté lesdits objets à l'inculpé *Simon*, qui a dit : Les ciseaux m'appartiennent : quant aux autres objets, ils m'ont été donnés, comme je viens de le dire : je ne puis vous dire si le pistolet a ou non fait feu; mais s'il a fait feu, ce n'est certainement pas moi qui l'ai tiré.

Nous avons ensuite replacé tous lesdits objets dans le même sac que nous avons scellé de notre sceau en présence du sieur *Simon*.

D. Vous avez dû voir le nommé *Hubert* dans le groupe des insurgés où vous avez été?

R. Non, Monsieur, je ne l'ai pas vu.

D. Cependant les témoins qui déclarent vous avoir vu parmi les insurgés, dans la rue Sainte-Avoye, ont déclaré avoir vu dans le même groupe *Constant Hubert.*

R. Je ne l'ai pas vu : je ne l'avais même pas vu à la mairie du sixième arrondissement, où j'avais été conduit; je ne l'ai vu que le lundi matin à la préfecture. Je n'ai point été avec les insurgés rue Sainte-Avoye.

D. Vous dites que vous n'avez pas fait feu avec le pistolet que vous aviez, et cependant, après votre arrestation, on a reconnu que vous aviez les mains noircies de poudre?

R. C'est parce que j'avais mis mes mains dans mes poches, où j'avais placé les cartouches qu'on m'avait données.

D. Si vous n'avez pas pris part à l'insurrection, pourquoi avez-vous dit au garde qui vous a arrêté : *Je suis un jeune homme perdu, tout ce qu'il y a à plaindre, c'est ma mère ?*

R. Je n'ai pas dit cela tout à fait ainsi : je n'ai pas dit que je fusse un jeune homme perdu : j'ai seulement dit que ma famille était à plaindre de mon arrestation; je suis d'une bonne famille, d'une famille paisible. Étant arrêté avec un pistolet, j'ai dû penser qu'on me croirait coupable, quoique je ne le fusse pas; j'ai dû penser aussi que cette arrestation pourrait porter atteinte à l'honneur de ma famille. Je déclare que je suis innocent du fait que l'on m'impute, j'ai été mis en possession du pistolet ainsi que je vous l'ai dit.

D. Mais alors ce que vous aviez de mieux à faire, c'était de jeter ce pistolet; pourquoi ne l'avez-vous pas fait?

R. J'y ai bien pensé, mais il y avait partout du monde, je craignais qu'on ne me vît et que l'on ne m'arrêtât.

INTERROGATOIRES DE HUBERT.

HUBERT (Georges-Constant), *âgé de 22 ans, chapelier, né à Digouville (Manche), demeurant à Paris, rue des Rosiers, n° 36.*

1er interrogatoire subi, le 13 mai 1839, devant M. Legonidec, Juge d'instruction.

D. N'appartenez-vous pas à une société politique?

R. Non, Monsieur, je n'en ai jamais connu.

D. Où avez-vous été arrêté?

R. Rue Saint-Magloire.

D. A quelle heure?

R. Neuf heures du soir.

D. Par qui?

R. Par des gardes municipaux.

D. Où vous ont-ils conduit?

R. A la mairie du sixième arrondissement, puis à la caserne Saint-Martin.

D. Chez qui travaillez-vous?

R. Chez le sieur Léonard, chapelier, rue des Blancs-Manteaux, n° 27.

D. Que faisiez-vous hier soir dans la rue Saint-Magloire?

R. Je suis sorti de chez moi à quatre heures, ou plutôt de chez mon ami *Marat,* homme de peine chez *Léon Léonard,* demeurant rue des Ménétriers. J'avais couché avec lui; nous sommes allés ensemble prendre un verre de vin blanc, rue Saint-Martin; voyant du monde qui se sauvait, j'ai pensé à aller chez mon cousin *Jean-Jacques,* chapelier, passage Véro-Dodat. Il était cinq heures, lorsque j'ai descendu la rue Saint-Martin jusqu'au passage Molière; j'ai pris le passage jusqu'à la rue Salle-au-Comte; j'ai suivi cette rue jusqu'à la rue Saint-Magloire, et, voulant entrer rue Saint-Denis, j'ai aperçu les barricades, et j'ai rencontré des individus qui m'ont dit : « Citoyen, « arme-toi, et viens avec nous. » Ce sont des gens que je n'ai ni vus ni connus : ils avaient tous leurs armes; mais il y avait un homme de blessé, et on m'offrait son fusil de petit calibre et simple; je n'ai pas voulu prendre le fusil, mais il s'en est trouvé un autre qui l'a accepté. Tout à coup sont venus des coups de fusil, tout le monde s'est mis à fuir; pour éviter d'en recevoir, je suis entré dans la cour du roulage, où je suis peut-être resté une heure et demie, parce que, chaque fois que je voulais sortir, je trouvais la troupe qui cernait; je croyais toujours que cela était fini, mais cela recommençait toujours. Je suis resté dans le fond de la cour jusqu'à ce que la barricade fût prise : alors je me suis sauvé dans un grenier avec le jeune homme qui est ici avec moi, mais qui n'était pas plus armé que moi. C'est là que j'ai été arrêté, après y être resté une heure et demie; nous étions alors cinq, trois nous avaient précédés. Je ne sais pas s'ils étaient armés, mais on a trouvé trois fusils dans le grenier. J'observe que, lorsque je suis entré dans le grenier, il y avait bien douze personnes, tant dans le grenier que sur les toits, mais il y en a bien huit qui sont descendues une à une pour savoir si l'on pouvait sortir, et qui ne sont pas revenues. Je ne sais pas si elles ont été arrêtées.

D. Reconnaîtriez-vous les individus avec lesquels vous vous êtes trouvé, soit dans le grenier, soit dans la barricade de la rue Saint-Magloire?

R. Je ne reconnaîtrais que celui qui est monté avec moi dans l'escalier.

D. Consentez-vous à nous le désigner?

R. Oui, Monsieur.

Et à l'instant le comparant, conduit par nous au milieu des individus arrêtés, nous a désigné un jeune homme, lequel, sur notre interpellation, nous a déclaré s'appeler *Bertrand Dupouy*.

D. Avez-vous déjà été arrêté?

R. Non, Monsieur.

2e Interrogatoire subi par *Hubert*, le 5 juillet 1839, devant M. Jourdain, Juge d'instruction délégué.

D. N'avez-vous pas fait partie d'une société politique?

R. Non, Monsieur; jamais.

D. N'aviez-vous pas reçu une convocation pour vous trouver le dimanche 12 mai dernier dans la rue Bourg-l'Abbé, ou dans la rue Saint-Martin?

R. Non, Monsieur.

D. Comment donc vous êtes-vous trouvé parmi les insurgés?

R. Je l'ai dit dans ma première déclaration; je n'ai pas besoin de le répéter, je l'expliquerai quand je serai devant mes juges.

D. Dans votre premier interrogatoire vous avez dit que vous n'aviez été avec les insurgés que lorsque vous aviez été rue Saint-Magloire; cependant il résulte de la déclaration des témoins qni ont été entendus, que vous avez été vu armé d'un fusil et faisant partie d'un groupe d'insurgés qui enfonçaient le magasin d'un quincaillier dans la rue Sainte-Avoye.

R. Cela est faux.

D. Vous avez même, dans la rue Sainte-Avoye, donné une poignée de main à un nommé *Charles,* ouvrier chapelier comme vous.

R. Cela n'est pas; je ne connais du nom de *Charles* qu'un de mes cousins, que je n'ai pas vu le dimanche 12 mai.

D. Vous avez dit dans votre premier interrogatoire qu'un individu blessé avait voulu vous donner son fusil; pouvez-vous nous désigner cet homme?

R. Je ne le pourrais pas, je ne le connais pas, je ne l'ai pas reconnu parmi les individus arrêtés et détenus avec moi.

D. Dans quelle partie du corps cet homme a-t-il été blessé.

R. Je ne le sais pas; je ne l'ai pas remarqué; j'ai vu cet homme étendu par terre.

D. Est-ce qu'il a été blessé pendant que vous étiez là?

R. Je ne le sais pas; j'allais me sauver et je l'ai vu par terre.

D. Dans quel endroit l'avez-vous vu?

R. Rue Saint-Magloire, ou rue Salle-au-Comte; c'est près la porte du roulage.

D. Est-ce qu'il était blessé quand vous êtes arrivé?

R. Je n'en sais rien, je l'ai vu par terre.

D. Y avait-il longtemps que vous étiez là, lorsque vous avez vu cet homme par terre?

R. Je l'ai dit dans ma première déclaration, vous pouvez le voir sur le procès-verbal.

D, Vous n'avez pas dit, dans votre première déclaration, depuis combien de temps vous étiez là lorsque vous avez vu le blessé; il pourrait résulter du contexte de vos réponses que c'est en arrivant que vous l'avez vu.

R. Je dois l'avoir dit.

D. Pourquoi n'avez-vous pas quitté de suite cet endroit, lorsque vous avez vu qu'il y avait des barricades?

R. Je l'ai dit sur ma première déposition. Je n'ai rien à répondre.

D. Vous dites que vous n'aviez pas pris de fusil, et cependant, dans le grenier où on vous a trouvé, il y avait des armes, des cartouches et des capsules.

R. Je n'ai rien à répondre là dessus.

D. Il résulte de l'instruction, que vous sentiez la poudre quand on vous a arrêté, et que vous aviez les mains et les lèvres noircies de poudre.

R. C'est faux.

D. Il résulte du procès-verbal du commissaire de police, qu'on a trouvé sur vous quarante capsules. D'où venaient-elles?

R. Il n'y en avait qu'une trentaine, à ce qu'on a dit au moment de mon arrestation. Je ne les avais pas comptées, je les avais trouvées dans la rue.

D. A quel endroit les avez-vous trouvées?

R. Je dois l'avoir dit dans ma première déclaration à la mairie.

D. Si vous n'aviez pas été pour vous joindre aux insurgés et pou agir de concert avec eux, vous auriez pu vous en aller dès le commen cement, pourquoi ne l'avez-vous pas fait?

R. Je n'ai rien à répondre.

INTERROGATOIRES DE HUARD.

HUARD (Camille), *âgé de 19 ans, graveur, né à Mont (Ardennes), demeurant à Paris, rue Princesse, n° 7.*

1er interrogatoire subi, le 1er juin, devant M. Zangiacomi, Juge d'instruction délégué.

D. Quel a été l'emploi de votre journée le 12 mai dernier?

R. Je suis resté à travailler jusqu'à quatre heures; alors je suis sorti pour aller acheter, dans la rue Jean-Robert, des outils de graveur. Les insurgés débouchaient de cette rue lorsque j'y entrai; ils voulurent me forcer à crier : Vive la république! Comme je m'y refusais, ils me contraignirent de rester parmi eux, et plus tard, lorsque la troupe arriva dans la rue Grenétat où je fus entraîné, je me suis trouvé exposé à ses premiers coups; j'ai reçu vingt-quatre coups de baïonnette.

D. Vous vous êtes donc trouvé dans la barricade Grenétat, dans laquelle la troupe est entrée?

R. Oui, Monsieur; j'ai été entraîné de la rue Jean-Robert dans la barricade Grenétat, et je m'y trouvais quand elle a été emportée par la garde municipale.

D. Combien de temps y êtes-vous resté?

R. Dix minutes environ.

D. Il est difficile de croire que vous n'y fussiez pas armé, puisque vous vous y trouviez encore au moment où elle a été enlevée par la garde?

R. J'affirme que je n'étais point armé.

D. Vous auriez pu vous sauver, surtout au moment où la force armée y pénétrait.

R. Je porte ordinairement des lunettes; comme elles avaient été perdues dans la bagarre, je ne voyais plus assez loin pour savoir la route que j'avais à prendre.

D. Si vous n'aviez fait aucune résistance, vous ne seriez certainement pas porteur de vingt-quatre coups de baïonnette.

R. J'étais assis sur le trottoir, et j'ai été le premier exposé.

D. Assurément, au moment où la troupe pénétrait dans la barricade, les insurgés, dans la supposition où vous auriez été retenu par eux, devaient être peu occupés à vous retenir, et l'on ne comprend pas comment vous restiez spectateur passif d'une pareille lutte, dont le résultat devait être fatal pour vous.

R. Je ne savais de quel côté me sauver.

D. Vous avez dû savoir avant quatre heures qu'il existait des désordres graves dans le quartier où vous prétendez que vous alliez faire des acquisitions.

R. Je suis arrivé jusqu'à la rue Jean-Robert sans savoir qu'il y avait du train.

D. Ce n'est pas un dimanche, dans l'après-midi, heure à laquelle les boutiques sont ordinairement fermées, que l'on va faire des acquisitions.

D. Je les fais le dimanche, parce que je n'aime pas perdre mon temps dans la semaine.

D. Avez-vous déjà été arrêté?

R. Non, Monsieur.

2e interrogatoire subi par *Huard,* le 21 septembre 1839, devant M. Jourdain, Juge d'instruction délégué.

D. Chez qui travailliez-vous avant d'être arrêté?

R. Je travaillais chez moi.

D. Demeurez-vous en garni?

R. Non, Monsieur; je suis chez mes parents.

D. A quelle heure êtes-vous sorti le 12 mai?

R. Vers quatre heures, autant que je puis juger; je n'y ai point fait attention.

D. Mais comment sortiez-vous à une heure aussi avancée, le dimanche, pour aller chercher des outils?

R. Parce que j'avais déjà été à cette heure-là chercher des outils, et je savais trouver la boutique ouverte; je n'aime pas perdre mon temps dans la semaine.

D. Comment appelez-vous le marchand?

R. Il se nomme *Renard,* passage de Rome, rue Jean-Robert, fabricant d'outils.

D. N'alliez-vous pas là plutôt prendre part à l'insurrection?

R. Je n'en avais pas connaissance; dans mon quartier on ne savait rien.

D. Êtes-vous resté longtemps avec les insurgés avant d'arriver à la barricade de la rue Grenétat?

R. Le temps seulement d'aller de la rue Jean-Robert à la rue Grenétat, qui sont à quelques pas l'une de l'autre. Il est bien facile de voir que je ne puis pas prendre part à une insurrection, puisque je ne vois pas à dix pas devant moi.

Nous constatons que l'inculpé porte des lunettes dont le verre porte le n° 12, et il a ajouté : Dans l'action j'ai perdu mes lunettes, et c'est pour cela que j'ai été blessé.

D. Mais si vous n'aviez point pris part à l'insurrection, vous ne vous seriez pas trouvé au premier rang dans la barricade Grenétat?

R. Je n'étais pas au premier rang; quand j'ai vu les insurgés s'en aller d'un côté, je m'en suis allé d'un autre, pensant me débarrasser d'eux, et je me suis jeté dans la troupe, parce que je n'y voyais pas clair; c'est ainsi que j'ai été blessé.

D. S'il en était ainsi, vous n'auriez pas été blessé près de la barricade; car, lorsque les insurgés ont commencé à se retirer, la barricade était enlevée et la troupe l'avait franchie.

R. Je vous assure que cela n'est pas : je vous dis la vérité; si j'avais été un des combattants, j'aurais eu des armes et des munitions, et je n'en avais aucune trace sur moi : je n'avais ni armes ni munitions; si j'ai été blessé là, c'est que je voulais justement regagner la rue Saint-Martin d'où venait la troupe.

D. Je vous ferai observer qu'il résulte du rapport du médecin qui vous a visité, qu'outre les traces des coups de baïonnette on voit sur vous des traces de coups d'épée, et il résulte de l'instruction que le seul officier qui portait une épée a lutté avec trois des insurgés, auxquels il a porté des coups d'épée, et que l'un d'eux est mort; l'autre est le nommé *Austen*, et vous seul, des autres blessés, paraissez avoir été blessé avec une épée.

R. Si j'avais lutté avec l'officier, il m'aurait bien reconnu.

D. Précisément, l'officier qui enleva cette barricade a déclaré qu'il croyait vous reconnaître.

R. Il est certain que j'ai été blessé près de cette barricade; mais je ne me rappelle n'avoir reçu qu'un coup d'épée, et encore je n'en suis pas certain. Je crois bien me rappeler avoir vu l'officier, mais je n'en suis pas sûr, et je ne sais pas si c'est lui qui m'a blessé. Dans tous les cas, je ne prenais aucune part à l'insurrection, et si je suis resté là, c'est que les insurgés m'y ont retenu en me maltraitant. Si j'avais voulu suivre les insurgés qui se sauvaient, j'aurais pu le faire au lieu d'aller du côté de la troupe.

D. Pour qui avez-vous travaillé?

R. Pour M. Hopwood, rue de la Vieille-Estrapade, n° 3. Je n'ai jamais été arrêté.

D. Avez-vous fait partie de sociétés politiques?

R. Non, Monsieur, jamais. Je dois vous faire observer que mon père a servi dans la garde municipale sous les ordres de M. Tisserand, qui m'a vu très-souvent à la caserne, et il m'aurait bien reconnu si j'avais lutté avec lui. Mon père a quitté la garde municipale depuis deux ou trois ans.

D, Mais est-ce que les insurgés ne vous ont pas donné un fusil?

R. Ils voulaient m'en donner un; mais je n'ai pas voulu en prendre. Ils m'appelaient *mouchard*.

INTERROGATOIRES DE BÉASSE.

BÉASSE (Jean-François), *âgé de 20 ans, serrurier en bâtiments, né à Paris, y demeurant, rue de Reuilly, n° 53.*

1er interrogatoire subi, le 12 juin 1839, devant M. Jourdain, Juge d'instruction délégué.

D. Comment vous êtes-vous trouvé dans la rue Grenétat, dans l'après-midi du 12 mai dernier?

R. J'étais pour aller chez mon cordonnier, dont je ne sais pas le nom, mais qui demeure dans la rue qui va de l'arcade Saint-Jean à la rue Saint-Antoine, dans la maison d'un marchand de vin qui est au fond d'une cour; le cordonnier demeure au deuxième; il m'attendait à peu près à cette époque pour me prendre mesure d'une paire de souliers pour mon mariage; je devais ensuite aller chercher ma sœur, qui demeure rue Saint-Jacques, n° 285, la nommée *Adélaïde Béasse,* qui devait aussi se marier à la même époque que moi. Derrière l'Hôtel-de-Ville, je fus entouré par une bande d'hommes armés, qui étaient au moins 200; il y avait avec moi beaucoup d'autres personnes; ils nous entraînèrent avec eux, nous firent marcher en nous donnant des coups de crosse de fusil jusqu'à la rue Grenétat; là je voulais me sauver par un passage qui est en face d'une autre rue; on ne se battait pas encore; j'entendis tirer un coup de fusil; quelques instants après, je me sentis frapper au poignet et à l'épaule gauche; je tombai étourdi et n'entendis rien; je me relevai un instant après, et je vis qu'on faisait une barricade au coin de la rue Grenétat, du côté de la rue Saint-Martin; on me coucha ensuite sous la porte cochère du marchand de vin, à l'entrée de la rue Grenétat; j'y restai environ un quart d'heure; je levai la tête, et vis un marchand de vin au fond de la cour; je me levai alors et allai chez lui.

D. Mais n'avez-vous pas pris un fusil, et n'avez-vous pas fait feu de la barricade sur la troupe?

R. Non, Monsieur, car j'ai été blessé bien longtemps avant qu'on ne se battît; il n'y avait pas de troupe quand j'ai été blessé; j'étais alors au milieu de la rue; on m'avait donné un fusil en route, mais on me l'a repris ensuite; je portais les marques des coups de crosse de fusil que j'avais reçus dans les reins, et je les ai fait voir au panseur à Saint-Louis.

D. Avez-vous vu le chef qui commandait les insurgés?

R. Il y en avait deux ou trois à la tête; il y en avait un par derrière, qui pouvait avoir vingt-quatre ans ou vingt-cinq ans; il était vêtu d'un habit noir, d'un gilet à carreaux; il avait une petite mouche de barbe au menton; c'est lui qui m'a donné un coup de crosse de fusil; je n'ai pas pu bien remarquer ceux qui étaient à la tête parce que j'étais interdit.

D. Pour qui travaillez-vous?

R. Je travaille pour M. *Leduc*, serrurier en bâtiment, barrière du Trône, en face la rue Picpus.

D. Quelle route avez-vous prise en venant de l'Hôtel-de-Ville pour aller dans la rue Grenétat?

R. On a pris plusieurs rues que je ne connais pas; en route, ils sont entrés dans un poste après avoir tiré des coups de fusil, mais je ne puis vous dire comment cela s'est passé parce que j'étais par derrière; on marchait très-vite; on courait, et j'étais tellement troublé que je n'ai remarqué personne assez pour pouvoir les reconnaître.

2e interrogatoire subi par *Béasse*, le 26 septembre 1839, devant M. Jourdain, Juge d'instruction délégué.

D. N'avez-vous pas fait partie d'une association politique?

R. Non, Monsieur, jamais.

D. Persistez-vous à dire que vous ne vous êtes pas joint volontairement aux insurgés?

R. Ils m'ont forcé à marcher avec eux, et ils m'ont même donné des coups de crosse de fusil.

D. Mais, si vous n'aviez pas été volontairement avec les insurgés, il est impossible de croire que vous n'ayez pas trouvé l'occasion de vous échapper d'eux pendant un aussi long trajet?

R. Cela m'a été impossible; plusieurs fois j'ai cherché à fuir; une fois, entre autres, je me sauvai dans une allée et on m'en fit sortir en me frappant de nouveau.

D. Plusieurs autres se sont trouvés dans le même cas que vous, on les a entraînés et ils ont trouvé le moyen de s'échapper sans faire un aussi long trajet que vous; d'un autre côté, vous avez été blessé derrière la barricade de la rue Grènétat, ce qui établirait que vous avez pris part au combat.

R. Je n'ai pas pu m'échapper; je suis entré plusieurs fois dans les portes d'allées, mais on m'a forcé à marcher; je n'ai point été blessé derrière la barricade, je l'ai été au milieu de la rue Grenétat, en face un passage, au coin d'une rue, au moment où je cherchais à me sauver. J'ai été blessé par un bourgeois; je suis tombé, j'ai perdu connaissance, et quand je suis revenu à moi, je me suis trouvé sous une grande porte.

INTERROGATOIRES DE PETREMANN.

PETREMANN (Émile), *âgé de 22 ans, cordonnier, né à Mézières (Ardennes), demeurant à Paris, rue des Arcis, n° 9, en garni.*

1er interrogatoire subi, le 13 mai 1839, devant M. Prud'homme, Juge d'instruction délégué.

D. Dans quelles circonstances avez-vous été arrêté?

R. Je me dirigeais vers le théâtre de Belleville, en passant dans la rue Saint-Martin; j'ai rencontré des barricades d'où l'on tirait des coups de fusil, je me suis réfugié dans le passage Beaufort, j'y suis resté environ une heure.

D. N'y étiez-vous pas avec trois individus, *Marmillion, Carrié* et *Herbogale ?*

R. Non, Monsieur; je ne les connais pas, je suis entré seul dans le passage.

D. Parmi les individus qui étaient avec vous, n'y en avait-il pas deux qui avaient des caisses de tambour?

R. Non, Monsieur; j'ai vu une caisse de tambour par terre.

D. N'étiez-vous pas porteur d'un fusil de munition?

R. Non, Monsieur; on m'a accusé d'avoir été porteur de cartouches, je n'en ai jamais eu en ma possession; je m'étais réfugié avec plusieurs individus dans l'un des escaliers du passage; j'en suis descendu l'un des premiers, arrêté par un soldat de la ligne; un garde municipal, qui était en bas dans la cour, nous a gardés pendant quelques instants et m'a fouillé; dans ce moment, on a jeté, par une fenêtre, des cartouches qui sont tombées à quelques pas de moi; on m'a accusé d'en être porteur.

Je travaille chez M. *Sauvage,* cordonnier, rue Mandar, n° 8.

Jamais arrêté; — à Paris, depuis 1832.

Je ne fais partie d'aucune société.

2e interrogatoire subi par *Petremann*, le 25 juin 1839, devant M. Jourdain, Juge d'instruction délégué.

D. Vous avez dit que vous demeuriez en garni, et il n'y a pas de garni au n° 9, rue des Arcis.

R. Il n'y a pas en effet de garni, mais je loge chez un nommé *Delavalette,* qui loge, au cinquième étage, trois ou quatre ouvriers; il a un livre.

D. Pendant combien de temps avez-vous demeuré chez lui?

R. Depuis quatre mois et demi, et je travaille pour M. *Sauvage,* rue Mandar, n° 8.

D. Qui vous a déterminé à prendre part à l'insurrection le 12 mai?

R. Je n'y ai pris aucune part; car, à deux heures, je suis allé porter de l'ouvrage chez M. *Sauvage,* et je suis ensuite rentré pour travailler chez moi, et suis ressorti vers trois heures pour aller au spectacle de Belleville.

D. Mais vous avez été arrêté dans une maison de la rue Grenétat, derrière la barricade qui se trouvait à l'entrée de cette rue près celle Saint-Martin, et au moment où elle venait d'être prise.

R. Cela n'est pas. J'ai été arrêté dans le passage Beaufort où je m'étais réfugié.

D. Mais il résulte de la déclaration du garde municipal qui vous a arrêté, que c'est chez le marchand de vin, derrière la barricade de la rue Grenétat, et que vous cachiez un fusil derrière vous.

R. Non, Monsieur; j'ai été arrêté dans le passage Beaufort, et je n'avais pas de fusil.

D. Le garde municipal vous a positivement reconnu, et il a déclaré aussi, positivement, qu'il vous avait arrêté chez le marchand de vin, derrière la barricade de la rue Grenétat.

R. J'ai été arrêté dans le passage Beaufort, et le garde municipal, qui m'a conduit à la mairie du sixième arrondissement, l'a bien alors déclaré, il ne peut dire autrement.

D. N'aviez-vous pas des cartouches sur vous?

R. Non, Monsieur, je n'avais rien sur moi.

3e interrogatoire subi par *Petremann*, le 11 juillet 1839, devant M. Jourdain, Juge d'instruction délégué.

D. Où preniez-vous habituellement vos repas?

R. Chez M. *Defoy*, rue de la Grande-Tuanderie; j'y vais seulement dîner le soir.

D. Le dimanche 12 mai, vous êtes sorti entre trois et quatre heures, en disant que vous alliez dîner; comment se fait-il donc que vous étiez rue Grenétat vers six heures, au moment où la barricade a été attaquée?

R. J'allais au théâtre de Belleville; j'étais resté une demi-heure ou trois quarts d'heure à dîner; c'était mon chemin pour aller à Belleville.

D. Mais par quelle rue vous êtes-vous rendu dans la rue Grenétat?

R. J'ai pris la rue Saint-Denis, le passage Bourg-l'Abbé, et le bout de la rue Bourg-l'Abbé.

D. A ce moment-là les insurgés étaient là, pourquoi avez-vous pénétré dans cette rue?

R. J'ai entendu tirer des coups de fusil, et c'est alors que je suis revenu sur mes pas.

D. Vous avez pris part évidemment à l'insurrection, car vous avez poussé jusqu'à la barricade Grenétat, puisque vous avez été arrêté chez un marchand de vin derrière cette barricade.

R. Non, Monsieur, et ce n'est pas là que j'ai été arrêté; je l'ai été dans le passage *Beaufort;* il y avait deux heures que j'y étais.

D. Il paraîtrait, en effet, résulter du procès-verbal du commissaire de police que vous auriez été arrêté avec d'autres individus qui ont été arrêtés dans le passage Beaufort; mais le garde *Lorentz,* qui vous a arrêté, a pris note de votre nom à l'instant de votre arrestation, et vous a présenté à l'officier qui commandait le détachement près de la barricade; plus tard, ce garde a passé sous le commandement d'un maréchal des logis, qui n'a vu faire d'arrestation que dans le passage Beaufort, et qui ensuite a compris dans le même rapport tous les individus arêtés par les hommes qui avaient été mis sous ses ordres et sur les notes prises à la mairie.

R. Je n'ai pas été présenté à un commissaire de police; j'ai été conduit, par le garde qui m'avait arrêté, à la mairie, où un officier de la garde nationale a pris mon nom sur ses indications. Le garde a dit alors que j'avais été arrêté dans le passage Beaufort; on a pris mes noms, on a pris les siens, et c'est là que je l'ai entendu nommer.

D. Mais vous avez pris part à l'insurrection, car on a trouvé sur vous des cartouches que vous cachiez sous vos vêtements; cela résulte du procès-verbal dressé par le commissaire de police à la mairie du sixième arrondissement, ainsi que de la déclaration du garde qui vous a arrêté.

R. Cela n'est pas: je n'avais pas de cartouches.

D. Mais à l'heure où vous êtes sorti de dîner vous avez dû voir des barricades rue Saint-Denis, et cela aurait dû vous engager à retourner de suite sur vos pas?

R. Je ne me suis presque pas avancé dans la rue Grenétat; j'y ai vu une barricade et c'est ce qui m'a fait revenir : c'est aussi parce que j'ai entendu des coups de fusil.

INTERROGATOIRES DE BORDON.

BORDON (Jean-Maurice), *âgé de 18 ans, homme de peine et ouvrier chapelier, né à Champagnet (Savoie), demeurant à Paris, rue Beaubourg, impasse des Anglais, n° 1.*

1er interrogatoire subi, le 13 mai 1839, devant M. Geoffroy-Château, Juge d'instruction.

D. Vous êtes inculpé d'avoir pris part aux troubles qui ont eu lieu hier soir dans Paris.

R. Je revenais de Saint Denis et je retournais chez moi, lorsque, me trouvant dans un des passages qui donnent rue Saint-Denis, j'ai aidé à relever un chapelier qui venait de recevoir une balle dans le cœur; à ce moment, un homme assez bien mis, âgé d'environ 30 ans, me remit un fusil et des cartouches, en me disant : *Allons, citoyen, fais comme les autres.* Je jetai le fusil à terre, et la troupe étant arrivée je me sauvai, avec trois ou quatre individus, dans un cul-de-sac, où nous fumes arrêtés. J'avais encore dans la poche les cartouches dont je n'avais point eu le temps de me débarrasser. J'ai été arrêté par la garde municipale.

D. Vous êtes inculpé d'avoir commis un attentat contre la sûreté de l'État?

R. Je n'ai commis aucun acte repréhensible, j'ignore si le fusil était chargé ou non, et je ne connais pas les personnes arrêtées avec moi.

Jamais arrêté.

2e interrogatoire subi, par *Bordon*, le 9 juillet 1839, devant M Jourdain, Juge d'instruction délégué.

D. Vous portez aujourd'hui une blouse, étiez-vous vêtu ainsi le 12 mai?

R. Non, Monsieur, je portais une redingote de velours.

D. Qu'est-elle devenue?

R. Elle est chez nous.

D. Pourquoi l'avez-vous quittée?

R. Parce qu'elle était déchirée.

D. A quelle époque l'avez-vous quittée?

R. Lorsque j'ai été en perquisition?

D. N'est-ce pas pour qu'on ne vous reconnût pas que vous l'avez quittée?

R. Non, Monsieur, c'était bien parce qu'elle était déchirée, et que je ne voulais pas qu'on me la déchirât davantage.

D. Ne faisiez-vous pas partie d'une société politique?

R. Non, Monsieur, jamais.

D. N'avez-vous pas reçu une convocation pour vous rendre, le 12 mai, dans le quartier de la rue Saint-Martin ou de la rue Bourg-l'Abbé?

R. Non, Monsieur, je revenais de la barrière Saint-Denis, et je rentrais chez moi quand je me suis trouvé dans la foule.

D. Par quel côté êtes-vous entré dans le passage où vous avez été arrêté?

R. J'y suis entré du côté de la rue Saint-Denis.

D. Y avait-il long-temps que vous y étiez quand vous avez été arrêté?

R. Il y avait tout au plus deux minutes que j'y étais.

D. Mais je vous ferai observer que, dans ce moment-là, les insurgés étaient occupés à faire des barricades dans la rue Saint-Denis; qu'ils en avaient rue Saint-Magloire; que déjà ils tiraient sur la troupe qui se trouvait rue aux Ours, et qu'ainsi, si vous n'aviez pas voulu prendre part à l'insurrection, vous ne seriez pas entré par là?

R. On ne voulut pas me laisser passer rue aux Ours, il y avait des gardes municipaux.

D. Aviez-vous suivi la rue Saint-Denis depuis le boulevard jusqu'à la rue aux Ours?

R. J'ai suivi le faubourg Saint-Denis depuis la barrière, puis la rue Saint-Denis tout droit jusqu'à la rue aux Ours.

D. Aviez-vous trouvé des barricades chemin faisant?

R. J'en ai vu une rue Grenétat.

D. Vous êtes donc entré dans la rue Grenétat?

R. Non, Monsieur; mais il est facile de voir de la rue Saint-Denis dans la rue Grenétat.

D. Vous ne nous dites pas la vérité; car, si vous fussiez descendu par la rue Saint-Denis, comme vous le dites, et à l'heure que vous le dites, vous auriez vu une barricade qui était alors occupée par la troupe de ligne qui l'avait prise, en même temps que la garde municipale prenait celle de la rue Grenétat, à l'entrée de la rue Saint-Martin, et d'où elle est partie pour se rendre au passage Beaufort, et de cette barricade on ne vous eût pas laissé descendre la rue Saint-Denis, car telle était la consigne donnée aux soldats; ainsi il paraît que vous étiez dans la rue Grenétat pendant l'attaque des barricades.

R. Non, Monsieur, je n'y étais pas; je suis descendu, comme je viens de vous le dire, par la rue Saint-Denis, pour rentrer à la maison.

D. Au moment de votre arrestation, vous étiez nanti d'un assez grand nombre de cartouches et d'un fusil?

R. Je n'avais pas de fusil. Quant aux cartouches, on m'avait forcé de les prendre; on avait voulu aussi me forcer de prendre un fusil, mais je l'ai jeté à l'instant même.

D. A quel endroit vous avait-on fait prendre ces cartouches et le fusil?

R. Dans la rue Saint-Denis même, en y arrivant.

D. Vous dites que vous avez jeté le fusil, pourquoi n'avez-vous pas aussi jeté les cartouches?

R. On m'avait forcé de mettre les cartouches dans ma poche; j'ai bien pu jeter le fusil que je tenais à ma main; quant aux cartouches qui étaient dans ma poche je ne les ai pas jetées parce que je craignais de faire tomber mon argent et de le perdre.

D. On se battait donc quand vous êtes arrivé dans la rue Saint-Denis?

R. Au moment où j'y arrivai, on a fait un feu de peloton, et je me suis sauvé.

D. Mais il paraît qu'on se battait avant qu'on ne vous remît le fusil, car, dans votre premier interrogatoire, vous avez dit qu'un chapelier était tombé, frappé d'une balle au cœur, et que c'était dans ce moment qu'un individu d'une trentaine d'années vous avait remis un fusil.

R. On s'est battu, en effet, au moment où je suis arrivé, j'ai aidé à porter l'individu qui a été tué, dans une maison de la rue Saint-Denis, au troisième étage.

D. De quel côté venait le feu de la troupe?

R. Il venait du côté du marché.

D. A quel endroit de la rue Saint-Denis étiez-vous dans ce moment?

R. J'étais près de la rue Saint-Magloire, j'avais dépassé la rue aux Ours.

D. Comment avez-vous su que cet homme était chapelier?

R. Parce que je le connaissais de vue.

D. Savez-vous son nom?

R. Non, Monsieur. Cet homme était vêtu d'une redingote; je ne sais pas s'il avait ou non de la barbe.

D. N'était-ce pas lui qui commandait les insurgés en cet endroit?

R. Je ne l'ai pas vu. Je n'ai vu personne commander.

D. Comment était mis l'homme qui vous a remis le fusil?

R. Je ne puis pas vous dire. Je ne me rappelle pas, il était en blouse ou en redingote.

D. Est-ce dans le passage même, ou dans le cul-de-sac qui se trouve dans le passage Beaufort, que vous avez été arrêté ?

R. C'est dans le passage.

D. A quelle heure étiez-vous donc venu dans la rue Saint-Denis ?

R. Je ne puis pas vous le dire.

D. Faisait-il encore grand jour.

R. Il faisait encore jour.

D. Est-ce que vous êtes entré immédiatement dans le passage Beaufort, en arrivant ?

R. Je me suis sauvé de ce côté croyant trouver le passage ouvert, mais la porte en était fermée. Je me suis réfugié dans un petit cul-de-sac, nous étions quatre ou cinq; on a tiré un coup de fusil dans ce cul-de-sac, et un de nous a été blessé. Ce cul-de-sac fait partie du passage, qui se prolonge depuis la porte qui le ferme de ce côté, jusqu'à la rue Salle-au-Comte; c'est pourquoi j'ai dit que j'étais dans le passage.

D. On avait vu, un instant avant votre arrestation, les individus qui étaient dans ce cul-de-sac armés, et aussitôt votre arrestation on a trouvé dans ce cul-de-sac des fusils ?

R. Je sais que les autres avaient des fusils, mais moi je n'en avais pas. Dès que j'ai été à deux pas de celui qui m'avait remis un fusil, je l'ai jeté.

INTERROGATOIRES DE ÉVANNO.

ÉVANNO (Jean-Jacques), *âgé de 34 ans, ouvrier boulanger, né à Hennebont (Morbihan), demeurant à Paris, rue de Ménilmontant, chez le sieur Faluel, boulanger.*

1er interrogatoire subi le 13 mai 1839, devant M. Perrot, juge d'instruction.

D. Avez-vous déjà été arrêté ou repris de justice?

R. Non, jamais.

D. Combien y a-t-il de temps que vous travaillez chez le sieur *Faluel?*

R. Huit jours; auparavant je travaillais chez le sieur *Diehli*, boulanger à la Petite-Villette, grande rue, n° 9, à ce que je crois; j'y couchais également, il y avait un mois que j'y étais; auparavant je travaillais chez d'autres boulangers de Paris.

D. Quand avez-vous été arrêté?

R. Hier, entre sept et huit heures du soir.

D. Dans quel endroit?

R. Dans un petit passage qui donne rue Salle-au-Comte ou Michel-le-Comte, et qui aboutit rue Quincampoix.

D. Pourquoi avez-vous été arrêté?

R. J'avais dormi jusqu'à une heure de la journée, comme font les garçons boulangers, ensuite j'étais allé aux Capucins voir mon frère, pour qui j'ai acheté quelque chose chez l'épicier voisin; mais je n'ai pu le voir, parce que, quelqu'un ayant jeté un paquet de tabac par-dessus le mur, le directeur avait ordonné de faire évacuer le parloir. J'ai rendu la marchandise à l'épicier, qui s'est chargé de la remettre à mon frère, et je revenais paisiblement chez mon patron, lorsque j'ai été arrêté.

D. Par qui l'avez-vous été?

R. Par un garde municipal, dans la loge même du portier du passage dont j'ai parlé. Un officier de la garde nationale (sous-lieutenant), voyant ma bonne volonté, m'a conduit lui-même à la mairie du sixième arrondissement.

D. Étiez-vous seul?

R. Oui; je ne connaissais personne.

D. Y avait-il avec vous des personnes que vous ne connaissiez pas?

R. Il s'est trouvé, dans le cul-de-sac donnant à l'entrée du passage, trois ou quatre individus que je ne connais pas même de vue, lesquels sont entrés comme moi dans le passage; des soldats de la garde municipale et de la troupe de ligne en ont fermé la grille; nous demandions qu'on la rouvrît pour nous laisser sortir, on l'a rouverte; mais on nous a arrêtés tous : je ne sais qui a conduit les quatre autres.

D. Appartenez-vous à quelque société politique?

R. Non, je ne connais pas même cela, il n'y a que cinq ou six mois que j'habite Paris.

D. Aviez-vous des armes ou quelque instrument?

R. Rien. Les quatre autres n'en avaient pas plus que moi.

D. Y avait-il du trouble dans l'endroit où vous passiez?

R. Oui; j'ai même entendu tirer des coups de fusil.

D. Connaissez-vous quelqu'un qui ait pris part aux attentats qui ont été commis?

R. Personne.

D. De quel côté partaient les coups de fusil?

R. Ceux qui étaient tirés du rassemblement partaient des environs de l'église qui est à droite en montant la rue Saint-Denis; les troupes qui ripostaient étaient dans la partie supérieure de la rue.

D. A quelle heure vous êtes-vous trouvé aux Capucins?

R. A deux heures et demie, trois heures.

D. Qu'avez-vous fait depuis ce moment jusqu'à votre arrestation?

R. J'ai passé une heure ou une heure et demie avec deux camarades au garni du nommé *Guichard*, rue de la Parcheminerie, n° 15, où mon frère a une chambre que nous occupons ensemble; je suis allé aussi chez le placeur des ouvriers boulangers, de la rue du Foin, et chez le sieur *Dinan*, marchand de vin, rue de la Grande-Friperie.

D. Quels sont les camarades avec lesquels vous avez bu?

R. L'un, dont j'ignore le nom, a pour surnom *Lorient;* l'autre se nomme *Jean*, j'ignore sa demeure. *Lorient* demeure à la barrière de la Glacière, j'ignore le numéro.

2e interrogatoire subi par *Evanno*, le 29 mai 1839, devant M. le baron de Daunant, Pair de France délégué.

D. Vous avez été arrêté dans le cul-de-sac Beaufort?

R. J'ai été arrêté dans le passage.

D. Que faisiez-vous là?

R. J'allais à ma boutique.

D. Vous avez été trouvé porteur de vingt cartouches?

R. Oui, Monsieur, ce sont des cartouches sans balles, qui m'avaient été données à l'entrée de la rue Saint-Denis, dans la rue Saint-Magloire.

D. On a saisi un fusil que vous cachiez derrière vous?

R. Je n'avais pas de fusil.

D. Cependant cela résulte de la déclaration des personnes qui vous ont arrêté?

R. Je vous assure que cela n'est pas, on m'a conduit chez le portier, où on a pris mes noms; je n'ai pas fait de résistance, un officier de la garde nationale m'a ensuite conduit à la mairie.

D. Mais ne vous êtes-vous pas jeté à genoux devant le garde municipal qui vous a arrêté, en disant : «Tirez-moi un coup de fusil, je «l'ai bien mérité?»

R. Non, Monsieur, je n'ai vu de garde municipal que chez le portier, quand j'ai été arrêté.

D. Comment étiez-vous vêtu ce jour-là?

R. Comme je le suis maintenant.

Nous constatons que le prévenu est vêtu d'une veste rayée à grandes raies rougeâtres et petites raies grises.

D. Avec qui avez-vous été arrêté?

R. J'étais seul, j'ai été arrêté seul dans le passage.

D. Vous ne dites pas la vérité, car, lors de votre premier interrogatoire, vous avez dit qu'il y avait dans le cul-de-sac trois ou quatre personnes que vous ne connaissiez pas; qu'avez-vous à répondre à cela?

R. J'étais seul, c'est-à-dire que je n'avais pas d'autres personnes de connaissance avec moi.

D. Avez-vous été arrêté avec d'autres individus?

R. Non, j'ai été arrêté seul.

D. Il résulte de votre premier interrogatoire que vous avez dit qu'on avait arrêté en même temps que vous quatre autres personnes qui se trouvaient avec vous dans le cul-de-sac du passage.

R. Je ne me rappelle pas qu'elles aient été arrêtées.

D. Ces personnes-là avaient-elles des armes?

R. Je n'ai vu personne avec des armes.

D. Un instant cependant avant votre arrestation, des témoins ont vu des personnes armées dans le cul-de-sac où vous étiez.

R. Cela n'est pas, je n'ai pas vu d'armes.

D. Cependant des armes ont été saisies sur le lieu même de votre arrestation, tant au moment de votre arrestation que peu de temps après.

R. Je n'avais pas d armes.

D. D'où veniez-vous quand vous avez été arrêté?

R. Je venais des Capucins, rue St-Jacques, et je me rendais chez mon maître, à Ménilmontant.

D. Mais je vous ferai observer que ce n'était pas votre chemin et que vous faisiez un long détour.

R. Je ne sais pas bien le chemin, je ne connais pas bien Paris.

D. A quelle heure êtes-vous sorti des Capucins?

R. J'en suis sorti à l'heure où l'on ferme, à trois heures.

D. A quelle heure avez-vous été arrêté?

R. A sept heures et demie environ.

D. Qu'avez-vous fait dans cet intervalle?

R. Je me suis arrêté dans divers cabarets; je suis entré rue du Foin, au bureau de placement des garçons boulangers; je suis ensuite allé à ma chambre, rue de la Parcheminerie.

D. A quelle heure avez-vous quitté votre chambre?

R. Je ne pourrais pas vous le dire.

D. En compagnie de qui étiez-vous lorsque vous avez bu depuis votre sortie des Capucins?

R. J'étais avec des individus que je ne connais que par leurs noms de pays.

D. Depuis combien de temps étiez-vous dans le passage lorsque vous avez été arrêté?

R. Je venais d'y entrer; j'étais venu par la rue St-Denis; ne pouvant remonter par cette rue, parce qu'il y avait beaucoup de monde, je pris alors la rue Saint-Magloire, et j'entrai dans le passage.

D. Mais comment se fait-il que vous ayez passé par la rue Saint-Magloire, puisqu'il y avait deux barricades dans cette rue, et une à l'entrée de la rue Saint-Denis et de la rue Saint-Magloire?

R. Je n'ai pas vu de barricades; il y avait beaucoup de monde dans la rue Saint-Denis, j'ai bien entendu des coups de feu, mais seulement du côté du marché des Innocents.

D. Ces barricades étaient occupées par les insurgés avant votre arrestation, et elles n'ont été prises qu'un instant après votre arrestation.

R. Je n'ai pas vu de barricades.

D. Je vous avertis que vous vous engagez dans un très-mauvais système de défense ; vous êtes en opposition avec tous les faits qui résultent de l'information, vos explications sont tout à fait invraisemblables, se contredisent même entre elles ; je vous engage à réfléchir et à ne pas suivre les mauvais conseils qui ont pu vous être donnés, et à mettre plus de franchise dans vos déclarations.

R. Toutes mes réflexions sont faites, je n'ai dit que la vérité.

D. N'avez-vous pas fait partie d'association politique secrète ou de coalition d'ouvriers?

R. Non, jamais; j'ai passé huit ans en Afrique, je ne suis de retour que depuis un an.

D. A quelle administration apparteniez-vous?

R. J'ai appartenu comme ouvrier à l'administration des vivres-pains; j'ai travaillé aussi en boutique à Alger et à Oran.

D. Qui vous a donné les cartouches?

R. C'est un individu que je ne connais pas, et qui ne portait pas d'armes, à ce que je crois.

D. Pourquoi les preniez-vous?

R. Je les ai prises sans réfléchir, et parce qu'on me les donnait.

3e interrogatoire subi par *Évanno*, le 30 mai 1839, devant M. Jourdain, juge d'instruction délégué.

D. Vous avez dit que vous travailliez chez M. *Diehli*, huit jours avant votre arrestation?

R. J'y ai travaillé huit jours avant d'entrer chez M. *Faluel*, et j'ai resté quelques jours sans ouvrage.

D. Pourquoi avez-vous quitté de chez M. *Diehli ?*

R. Parce que l'ouvrage était trop pénible et que je ne me suis pas arrangé avec lui.

4e interrogatoire subi, par *Évanno*, le 8 juillet 1839, devant M. Jourdain, Juge d'instruction délégué.

D. N'avez-vous pas fait partie d'une société politique?

R. Non, Monsieur.

D. Est-ce que vous n'aviez pas reçu avis, le 12 mai, de vous trouver dans le quartier de la rue Bourg-l'Abbé ou de la rue Saint-Martin?

R. Non, Monsieur.

D. Comment, alors, avez-vous donc été trouvé parmi les insurgés?

R. J'avais été voir mon frère à l'hospice du Midi, et je retournais travailler.

D. Il est constaté que vous étiez à votre garni vers trois heures, et, si vous alliez travailler à Ménilmontant, ce n'était pas votre chemin de passer par la rue Saint-Magloire et le passage Beaufort.

R. C'était mon chemin en revenant de la rue du Puits où j'avais été au bureau des garçons boulangers. J'appelle cette rue rue du Puits, parce qu'il y avait dans le temps un puits au milieu ; c'est la rue de la Grande-Friperie.

D. Qu'étiez-vous allé faire là?

R. J'étais allé voir les camarades.

D. Qui avez-vous vu là ?

R. Des garçons boulangers que je ne connais que par leurs noms de pays.

D. Avez-vous vu le maître de la maison?

R. Je l'ai vu dans la rue, mais je ne lui ai pas parlé.

D. Quelle heure était-il quand vous avez quitté de là?

R. Il était environ quatre heures et demie.

D. Quel chemin avez vous pris?

R. Je voulais gagner la rue Saint-Martin pour arriver ensuite au boulevard.

D. Mais alors vous êtes resté pendant près de trois heures dans la rue Saint-Magloire; qu'avez-vous fait pendant tout ce temps, jusqu'à huit heures et demie environ que vous avez été arrêté?

R. Je n'ai rien fait.

D. Mais il résulte de l'instruction, et notamment de la déclaration d'un sieur *Garnaud,* que c'est vers quatre heures de l'après-midi que les insurgés ont commencé à occuper la rue Saint-Magloire; il résulte également de l'instruction que ce n'est que vers cinq heures et demie ou six heures qu'ils ont été attaqués de ce côté par la troupe; si vous n'étiez pas resté avec eux pour prendre part à l'insurrection, vous auriez eu le temps de vous retirer et de continuer votre route.

R. Je n'ai pas même vu de barricade; je me suis arrêté à boire quelques canons chez le marchand de vin.

D. Il paraît aussi que vous aviez pris un fusil; que vous êtes resté assez longtemps dans la rue Saint-Magloire, que là vous vouliez forcer les gens de l'auberge, qui a une porte donnant sur la rue Saint-Magloire, d'ouvrir cette porte; que vous les menaciez, et que même vous passiez votre fusil dessous cette porte, en menaçant de faire feu sur les gens qui étaient dans la cour, pour les forcer à ouvrir la porte de cette cour.

R. Cela n'est pas vrai; je n'ai pas eu de fusil.

D. Il paraît aussi que vous avez tiré plusieurs coups de fusil sur la troupe.

R. Non, Monsieur, je n'ai pas eu de fusil dans les mains; je puis vous l'attester.

D. Vous aviez certainement un fusil; car, lorsqu'on vous a vu dans le cul-de-sac où vous avez été arrêté, vous étiez avec plusieurs autres;

vous étiez armé. Des personnes qui regardaient par la fenêtre d'un escalier donnant sur ce cul-de-sac ont prévenu les gardes, et quand vous avez été arrêté, vous cachiez votre fusil derrière vous?

R. Cela n'est pas; lorsque les gardes sont venus, je fus le premier à dire que nous ne faisions rien, et je m'avançai vers eux; on m'a conduit aussitôt dans le passage Beaufort.

D. Mais le garde qui vous a fouillé a trouvé sur vous des cartouches, et au moment où il vous conduisait dans le passage, vous lui avez dit : *Donnez-moi un coup de fusil, je l'ai bien mérité.*

R. Je n'ai pas dit cela.

D. Le garde qui vous a arrêté n'a pas hésité un instant dans ses déclarations; il n'a pas non plus varié, et il avait pris note exacte de vos noms, de votre âge, de votre profession et même de votre demeure, au moment de votre arrestation?

R. Je vous assure que je ne lui ai pas dit cela.

D. Mais vous aviez des cartouches sur vous, et cela s'accorde bien avec la possession du fusil, qui résulte également de la déclaration du garde?

R. C'était des cartouches à blanc qui m'avaient été données dans la rue, dans un endroit où il y avait beaucoup de monde d'assemblé.

D. Il est vrai qu'il y avait parmi ces cartouches des cartouches à blanc, mais il y en avait aussi à balles?

R. Il y avait, je crois, une ou deux balles qui n'étaient pas dans les cartouches, qui étaient toutes à blanc.

D. A quel endroit et dans quel but vous avait-on donné ces cartouches?

R. A l'entrée de la rue Saint-Denis ou de la rue Saint-Magloire, un individu que je ne connais pas me les donna sans motif, et j'eus la bêtise de les prendre.

D. Il est impossible de croire que vous soyez resté pendant trois heures dans la rue Saint-Magloire et dans le cul-de-sac où vous avez été arrêté, sans faire partie des insurgés?

R. Je ne suis parti qu'à quatre heures et demie ou cinq heures de la rue de la Grande-Friperie, et je me suis arrêté en route à boire, et j'ai été arrêté à sept heures ou sept heures et demie.

D. Mais si vous êtes arrivé à cinq heures ou après cinq heures dans la rue Saint-Magloire, comme les barricades étaient faites à cette heure-là, si vous n'eussiez point fait partie des insurgés, vous n'y seriez pas entré?

R. Je n'ai pas vu de barricades; je venais du marché des Innocents; j'ai vu beaucoup de monde; la troupe est arrivée par le marché des Innocents; alors je me suis sauvé dans la rue Saint-Magloire, et ensuite dans le cul-de-sac, croyant trouver passage dans cet endroit.

D. La troupe est venue deux fois; une première fois vers cinq heures et demie ou six heures, et une seconde fois vers sept heures et demie ou huit heures: les deux fois, elle a trouvé une barricade à l'entrée de la rue Saint-Magloire; chaque fois, l'on a fait feu de cette barricade sur la troupe; une première fois, un officier du 7e de ligne a été tué, et, une seconde fois, le colonel du 53e a été blessé; il est donc impossible que vous ayez pénétré dans la rue Saint-Magloire dans ces moments, sans avoir la volonté de vous joindre aux insurgés?

R. Je n'ai pas vu de barricades.

D. Je vous ferai observer que des témoins ont déclaré qu'ils croyaient bien vous reconnaître pour vous avoir vu armé d'un fusil, et même tirer sur la troupe?

R. Cela n'est pas: je n'avais pas de fusil; je n'ai jamais touché d'armes.

INTERROGATOIRES DE LEHÉRICY.

LEHÉRICY (Pierre-Joseph), *âgé de 32 ans, peintre en bâtiments, né à Paris, y demeurant, rue Saint-Martin, n° 75.*

1er interrogatoire subi, le 13 mai 1839, devant M. Prudhomme, Juge d'instruction.

D. Pourquoi avez-vous été arrêté?

R. J'ai été arrêté dans un endroit que je crois un cul-de-sac attenant au passage Beaufort. Il y avait trois personnes et moi dans cet endroit; je m'y étais caché pour me soustraire aux coups de fusil de part et d'autre; on a trouvé deux fusils cachés dans ce cul-de-sac, et on m'a arrêté avec tous ceux qui s'y trouvaient. L'entrée avait été occupée par de la garde nationale et de la troupe, qui avait crié : *Rendez-vous!* Au même instant, un garde national avait tiré un coup de fusil, et je m'étais blotti dans l'embrasure d'une porte; ensuite je vins au-devant des soldats en montrant que je n'avais rien dans les mains.

D. N'a-t-on pas trouvé quelque chose dans vos poches?

R. Une cartouche sans balle que j'avais trouvée sur la place du Châtelet, et que j'avais mise dans la poche de mon gilet. J'ai été tambour dans la douzième légion, et on a remarqué la manière dont j'ai servi dans les journées des 5 et 6 juin.

D. Faites-vous partie d'une société?

R. Je n'ai jamais été arrêté et je ne fais partie d'aucune société.

2e interrogatoire subi par *Lehéricy*, le 27 mai 1839, devant M. le baron de Daunant, Pair de France, délégué.

D. Où avez-vous été arrêté?

R. J'ai été arrêté auprès du passage Beaufort, au moment où je me sauvais pour éviter les coups de fusil de part et d'autre.

D. Avec qui étiez-vous ?

R. J'étais seul; il y avait auprès de moi deux ou trois personnes que je ne connaissais pas.

D. Que faisaient ces personnes ?

R. Je l'ignore; je pense qu'elles faisaient comme moi.

D. Étaient-elles armées ?

R. Je n'y ai pas fait attention.

D. A-t-on fait feu sur ces personnes ?

R. Oui, Monsieur.

D. Savez-vous pour quelle raison on a fait feu sur ces personnes ?

R. Je l'ignore.

D. Elles étaient donc armées ?

R. Je ne puis vous le dire, car je n'y ai point fait attention.

D. N'a-t-on pas saisi sur vous des cartouches ?

R. On n'en a saisi qu'une que j'avais trouvée sur la place du Châtelet.

D. Il résulte de l'information que l'on en a trouvé un plus grand nombre, et vous n'êtes pas dans la vérité quand vous soutenez n'en avoir eu qu'une sur vous ?

R. Je vous affirme que je n'en avais qu'une seule.

D. Pourquoi l'avez-vous mise dans vos poches ?

R. Je n'y avais attaché aucune importance.

D. Quel a été l'emploi de votre journée le dimanche 12 courant ?

R. J'ai travaillé jusqu'à onze heures du matin, de mon état de peintre en bâtiments, dans la maison d'un marchand de vin, rue Jean-Robert.

D. Qu'avez-vous fait ensuite ?

R. Je suis allé à la barrière Saint-Jacques jusqu'à six heures du soir environ; j'étais avec un autre camarade du nom de *Richard,* qui s'en est allé plus tôt; il y avait aussi avec nous un nommé *Chantaume :* j'ai rencontré dans cet endroit d'autres ouvriers que je connais de vue seulement.

D. Il est difficile de croire que vous ne les connaissiez que de vue.

R. Je vous affirme que je ne sais ni leur nom, ni leur adresse.

D. Êtes-vous revenu seul?

R. Oui, Monsieur.

D. Comment étiez-vous vêtu ce jour-là?

R. J'étais vêtu comme je le suis actuellement : je n'avais pas de blouse, j'étais coiffé d'une casquette.

(Nous constatons que l'inculpé est vêtu d'un pantalon d'étoffe à côtes, d'un habit-veste et d'un gilet de lasting.)

D. Faites-vous partie de sociétés?

R. Non, Monsieur.

D. Je vous fais observer encore une fois que vous êtes en opposition dans vos dires avec tous les faits qui résultent de l'information. Je vous engage à dire toute la vérité.

R. Je l'ai dite : je n'ai participé à aucune émeute; j'ai même aidé à réprimer l'insurrection des 5 et 6 juin.

D. Connaissez-vous le nommé Évanno?

R. Non, Monsieur.

3e interrogatoire subi par *Lehéricy*, le 9 juillet 1839, devant M. Jourdain, Juge d'instruction délégué.

D. N'avez-vous pas fait partie d'une association politique?

R. Non, Monsieur, jamais; bien au contraire: j'ai été tambour de la garde nationale; j'ai marché contre les insurgés en 1832. Plus tard, en 1834, je travaillais dans la commune de Gentilly, chez mon père. Le maire ayant demandé des hommes de bonne volonté pour aller réprimer l'émeute, je suis allé au poste de la Glacière pour maintenir l'ordre, en l'absence de la garde nationale, qui était entrée dans Paris.

D. Expliquez-nous donc comment vous vous êtes trouvé dans le cul-de-sac Beaufort, où vous avez été arrêté?

R. J'ai travaillé rue Jean-Robert, dans la maison du marchand de vin, jusqu'à onze heures. De là je suis allé à la barrière Saint-Jacques, dans un cabaret que je ne pourrais pas vous désigner; j'étais allé là avec un nommé *Richard,* peintre comme moi, et dont je ne sais pas la demeure, et avec un nommé *Chantaume,* dont je ne sais pas non plus la demeure : je ne travaillais avec eux que depuis deux jours. Vers quatre heures ou quatre heures et demie, j'entendis battre le rappel; j'allai demander aux tambours ce que c'était, et ils me dirent qu'on se battait rue Saint-Martin et rue Saint-Denis. Je restai néanmoins à la barrière jusque vers six heures; je la quittai alors pour rentrer chez moi. Arrivé sur le quai devant la rue Planche-Mibray, je vis des gardes municipaux à qui je demandai de me laisser passer; mais ils me dirent que, si je voulais me faire tuer, je n'avais qu'à passer. Alors je détournai et passai sur la place du Châtelet; là, je trouvai une cartouche sans balle, que je ramassai. Je pris la rue Saint-Denis jusqu'à la cour Batave, que je trouvai fermée; je remontai alors jusqu'à la rue Saint-Magloire, où j'entrai; je suivis jusqu'au passage Beaufort, que je trouvai fermé. Alors, entendant des coups de fusil de tous côtés, je me retirai dans le cul-de-sac. Cinq minutes après, des gardes municipaux avec de la troupe de ligne et un garde national sortirent du passage. Le garde national cria : *Rendez-vous!* En même temps il tira un coup de fusil. Il cria une seconde fois : *Rendez-vous!* J'allai alors au-devant des gardes, et c'est ainsi que je fus arrêté.

D. Lorsque vous avez été arrêté, vous aviez trente-deux cartouches sur vous.

R. Cela n'est pas; je n'avais que la seule cartouche que j'avais trouvée sur la place du Châtelet, et encore elle était défaite, car la poudre se renversa dans ma poche.

D. Mais cela résulte de la déclaration et du rapport du garde municipal *Lorenz*, qui vous a arrêté.

R. Cela n'est pas. Ce n'est pas un garde municipal qui m'a arrêté; ce sont deux soldats de la ligne qui m'ont arrêté, conduit au poste, et ce sont eux-mêmes qui m'y ont fouillé. On a trouvé la cartouche ramassée sur la place du Châtelet, et à laquelle je ne pensais plus. A cause de cela j'avais dit que je n'avais rien. Alors, quand on trouva cette cartouche, un garde municipal dit : « Ah ! le brigand, il a dit qu'il n'avait rien; » et il me donna un soufflet.

D. Mais il paraît qu'au poste ce n'est pas seulement une cartouche sans balle qu'on a trouvée sur vous; c'est bien trois cartouches et trois balles, en plus des trente-deux cartouches qu'on avait trouvées sur vous au moment de votre arrestation?

R. Cela est faux. On ne m'a pas fouillé au moment de mon arrestation; ce n'est qu'au poste que j'ai été fouillé, et c'est là qu'on a trouvé la seule cartouche que j'avais ramassée place du Châtelet.

D. Il paraît que vous étiez armé dans le passage Beaufort, lorsqu'on a ouvert la porte du passage?

R. Non, Monsieur, je n'avais point d'armes.

D. Cependant on a vu, en regardant par une fenêtre donnant sur le cul-de-sac où vous étiez, plusieurs individus armés dans ce cul-de-sac. C'est dans ce moment-là même qu'on a ouvert la porte, et que vous avez été arrêté; et, après votre arrestation, on a trouvé des fusils dans ce cul-de-sac.

R. Je sais qu'au moment où je suis entré dans ce passage il y avait plusieurs personnes, mais je n'ai pas vu d'armes; je sais également qu'on a trouvé, au moment où on m'a arrêté, un fusil ou deux dans ce cul-de-sac.

D. On a, en effet, trouvé dans un magasin donnant dans le cul-de-sac, et dans le cul-de-sac, des fusils et des pistolets; et il paraîtrait que vous étiez armé d'un de ces fusils?

R. Je n'en avais pas.

D. Mais vous faisiez partie des insurgés; car, au moment où vous dites que vous êtes entré dans la rue Saint-Magloire, il y avait une barricade; il y en avait aussi une rue Saint-Denis, à l'entrée de la rue Saint-Magloire; cette dernière était gardée par les insurgés; elle avait été attaquée vers sept heures et demie ou huit heures, et défendue pendant quelque temps; elle ne fut enlevée qu'un instant après votre arrestation?

R. J'ai vu, en effet, une barricade; mais il n'y avait personne derrière.

D. Pour arriver là, vous aviez dû traverser d'autres barricades, car il y en avait une au coin de la rue Aubry-le-Boucher, et une autre rue Saint-Denis, près de la rue de la Chanvrerie; près de cette dernière, un officier de la troupe de ligne avait été tué: pourquoi, au lieu de traverser trois ou quatre barricades, n'avez-vous pas pris la rue Aubry-le-Boucher, qui vous conduisait plus promptement chez vous?

R. On ne pouvait pas passer; il y avait de la troupe de ligne dans la rue Aubry-le-Boucher, dans la rue Saint-Martin.

D. La troupe de ligne n'était pas encore descendue dans la rue Saint-Martin jusqu'à la rue Aubry-le-Boucher lorsque vous avez été arrêté?

R. Je ne sais pas si c'était de la troupe de ligne, mais il y avait de la troupe, bien certainement. Je me hâtais, et n'ai pas pris le temps de bien regarder.

INTERROGATOIRES DE DUPOUY.

DUPOUY (Bertrand), *âgé de 21 ans, tailleur, né au Mans (Landes), demeurant à Paris, rue Verdelet, n° 22.*

1er interrogatoire subi, le 13 mai 1839, devant M. Legonidec, Juge d'instruction.

D. Vous avez été arrêté dans la rue Saint-Magloire?

R. Je suis sorti à trois heures de chez moi, et je suis allé par les boulevards jusqu'à la Bastille; là j'ai trouvé du monde, sans savoir ce que cela voulait dire; j'ai descendu la rue Saint-Antoine, pour gagner le quai.

Sur le quai, j'ai entendu dire qu'on se battait; j'ai voulu traverser le marché des Innocents pour rentrer chez moi.

Tout à coup, j'ai vu la garde nationale qui prenait la rue Saint-Denis; elle a bientôt après tiré de mon côté; de l'autre côté, la ligne est arrivée et a aussi fait feu.

Deux balles me sont passées entre les jambes, je les ai entendues siffler; je me suis mis à fuir avec tout le monde, pour éviter d'être tué; je suis entré tout de suite dans une maison que je serais embarrassé de vous désigner; je me suis rendu dans un grenier où j'ai trouvé douze ou vingt personnes; plusieurs étaient armées de sabres, gibernes et fusils; quelques-unes d'entre elles se plaignaient d'être blessées; j'ai entendu un homme se plaindre d'avoir une balle dans le genou.

Huit ou dix individus sont partis à la nuit faite, les uns avec des armes, les autres avec rien; quant à moi, j'ai préféré attendre une ou deux heures de plus, s'il le fallait; je suis resté dans le grenier, et vers neuf heures un quart la garde municipale m'y a arrêté. J'ai d'abord été conduit à la mairie du 6me arrondissement, puis à la caserne de la rue Saint-Martin.

D. Vous vous êtes aussi trouvé parmi les insurgés dans les barricades?

R. Non, Monsieur; on ne tirait pas lorsque je suis arrivé.

D. N'a-t-on pas défendu l'entrée de la cour dans laquelle vous vous êtes réfugié?

R. C'est dans une rue que je suis entré, je n'ai pas vu défendre la rue.

D. Vous appartenez à une société politique?

R. Non, Monsieur.

D. Parmi les individus arrêtés avec vous, reconnaîtriez-vous ceux que vous avez rencontrés dans le grenier dont vous venez de parler?

R. Non Monsieur.

D. N'avez-vous pas été trouvé porteur de munitions de guerre?

R. Non, Monsieur : en traversant quelques-unes des petites rues qui m'ont amené de la rue Saint-Antoine, j'ai ramassé une cartouche à moitié, sans balle; tout en marchant je l'ai défaite, et lorsque j'ai été arrêté, on a retrouvé dans ma poche quatre ou cinq grains de poudre que j'y aurai laissé tomber probablement en portant la main à mon gilet.

D. Vous avez déjà été arrêté?

R. Jamais.

Lecture faite et signé.

2e interrogatoire subi par *Dupouy*, le 10 juillet 1839, devant M. Jourdain, Juge d'instruction délégué.

D. N'avez-vous pas fait partie d'une société politique?

R. Non, Monsieur, jamais.

D. N'aviez-vous pas reçu une convocation, le dimanche 12 mai, pour vous rendre dans les environs de la rue Saint-Martin?

R. Non, Monsieur; je suis sorti à trois heures, comme je vous l'ai dit dans mon précédent interrogatoire, où j'ai indiqué où je suis allé.

D. Vous avez dit dans votre premier interrogatoire que vous étiez au marché des Innocents quand vous avez vu la garde nationale; qu'alors on avait fait feu; que, de l'autre côté, la troupe arrivait également et avait fait feu, et que vous vous étiez enfui dans une maison où vous avez été arrêté. Cette maison est dans le cul-de-sac Saint-Magloire, à droite : pourquoi, au lieu de prendre la rue Saint-Magloire, qui est à droite, n'avez-vous pas pris une des rues adjacentes, à gauche, qui vous eût conduit chez vous?

R. J'étais sur le trottoir; j'avais demandé à la garde nationale de me laisser passer; elle n'avait pas voulu. Je vis qu'on tirait des coups de fusil de tous côtés; je me sauvai alors dans la première rue que je trouvai.

D. Mais vous étiez au nombre des insurgés, car on vous a vu dans la barricade de la rue Saint-Magloire avant qu'elles ne fussent attaquées; et au moment où on les attaquait, vous étiez armé d'un pistolet, et vous avez fait feu avec sur la troupe : un témoin qui vous a parfaitement reconnu l'a déclaré?

R. Cela n'est pas. Je n'ai pas eu d'armes.

D. Vous avez été arrêté dans un grenier où on a trouvé des armes, des cartouches, des capsules, et une baguette de pistolet.

R. Je me suis sauvé dans une maison où j'ai vu beaucoup de monde entrer; plusieurs se plaignaient d'avoir été blessés; beaucoup sont partis longtemps avant moi. Je suis resté, parce que j'aimais mieux rester là que de m'exposer à recevoir un coup de fusil.

D. Il est vrai que plusieurs individus se sont sauvés dans l'auberge du sieur *Solin;* mais il n'y a que vous et ceux qui ont été arrêtés en même temps que vous qui sont montés dans le grenier où vous avez été arrêté.

R. Je ne sais pas ce que les autres ont fait, je n'y ai point fait attention; je ne sais pas s'ils étaient ou non armés; quant à moi, je ne l'étais certainement pas.

D. Le témoin qui vous a reconnu a déclaré qu'il avait trouvé ensuite dans le fumier le pistolet qu'il vous avait vu à la main, et qu'il était encore chargé. Ce qui corrobore la déclaration de ce témoin, c'est qu'au moment de votre arrestation, il y avait des grains de poudre dans la poche de votre gilet, et que votre main droite, et particulièrement le bout de l'index, était noircie de poudre, et sentait la poudre.

R. Cela n'est pas. J'avais le bout du doigt noir, en effet; mais c'est parce qu'en travaillant de mon état, je me suis piqué le doigt avec l'aiguille: cela arrive tous les jours lorsqu'on travaille; mais ce n'était pas de la poudre. J'ai d'ailleurs dit précédemment comment j'avais touché de la poudre, et je m'en réfère à mon premier interrogatoire.

Et a déclaré ne vouloir signer, en persistant.

Interpellé de dire pourquoi il ne voulait pas signer, il a déclaré que c'était parce qu'on disait qu'il avait eu un pistolet, et qu'il avait tiré, tandis que cela n'était pas vrai.

INTERROGATOIRES DE DRUY.

DRUY (Charles), *âgé de 30 ans, né à Zara (Dalmatie), tailleur-coupeur, demeurant à Paris, rue Montorgueil n° 48.*

1er interrogatoire subi, le 10 juin 1839, devant M. Perrot, Juge d'instruction délégué.

D. Avez-vous déjà été arrêté ou repris de justice?

R. Je n'ai jamais été repris de justice; j'ai été arrêté le 5 juin, près du catafalque du général Lamarque, mais je ne prenais pas part à l'insurrection; je ne me suis jamais occupé de politique.

D. Avez-vous été longtemps détenu?

R. Je l'ai été trente et quelques jours, mais je ne suis point passé en jugement.

D. Faites-vous partie de quelques sociétés secrètes?

R. Non.

D. N'avez-vous pas été blessé au coude dans les journées des 12 et 13 mai dernier?

R. Oui, le 12.

D. Qui vous a fait cette blessure?

R. Je n'en sais rien; je crois que ce sont plutôt les insurgés que la troupe. J'avais travaillé jusqu'à six heures du soir sans connaître les événements, et je revenais du boulevard par la rue Saint-Denis, lorsqu'arrivé au coin de la rue Saint-Sauveur ou de la rue Thévenot, mais je pense plutôt que c'est la rue Saint-Sauveur, j'ai été atteint d'une balle au coude: cette balle ne m'a fait aucune fracture; la plaie qu'elle m'a faite est presque guérie.

D. Avez-vous vu une barricade?

R. Non.

D. Quelle heure était-il lorsque vous reçûtes votre blessure?

R. Il était sept heures, sept heures et demie : je suis rentré immédiatement chez moi, et, à huit heures, j'étais pansé et couché.

D. Étiez-vous armé?

R. Non.

D. Qu'avez-vous fait le lendemain?

R. Je suis resté au lit toute la journée, et je n'ai quitté la chambre qu'au bout de huit jours.

2e interrogatoire subi par *Druy*, le 16 août 1839, devant M. Perrot, Juge d'instruction délégué.

D. Persistez-vous dans votre précédent interrogatoire?

R. Oui; seulement j'avais oublié de vous dire une chose: c'est qu'avant de rentrer chez moi définitivement, le 12 mai au soir, j'y étais venu de mon magasin, où j'étais retourné ensuite.

D. Il n'est pas croyable que ce soit par oubli que vous ne l'ayez pas dit, car c'était à une époque assez voisine de l'événement, et il était trop important pour vous de bien préciser vos démarches.

R. J'étais troublé; je n'ai pas pensé à vous le dire.

D. A quelle heure, la première fois, selon vous, seriez-vous revenu de votre magasin à votre domicile?

R. A six heures du soir.

D. A quelle heure y êtes-vous retourné?

R. Presque aussitôt.

D. Avez-vous vu la barricade élevée rue Montorgueil, à l'entrée de la rue Tiquetonne?

R. Non; j'ai vu du monde qui était assemblé depuis le passage du Saumon jusqu'à la maison, mais je n'ai pas vu de barricade.

D. Par quelle rue êtes-vous venu à votre domicile?

R. Par la rue Mandart et la rue Montorgueil.

D. Dès lors, il est impossible que vous n'ayez pas vu la barricade, car il vous fallait la traverser pour arriver chez vous?

R. La barricade ne traversait pas la rue Montorgueil; elle était au-devant de la rue Tiquetonne : la preuve, c'est que je l'ai vue le lendemain.

D. Dans tous les cas, vous en étiez passé trop près pour ne pas vous être aperçu d'un semblable désordre?

R. Je n'ai rien vu.

D. Vous dites que vous êtes revenu deux fois de chez le sieur *Roof*, votre patron, à votre domicile; le sieur *Roof* ne parle que d'une seule fois?

R. C'est qu'il l'aura oublié.

D. Avez-vous été témoin de la fusillade qui a eu lieu rue Tiquetonne, à ladite barricade?

R. Non.

D. L'avez-vous entendue?

R. Non.

D. Combien êtes-vous resté de temps, selon vous, lors de votre premier retour à votre domicile?

R. Dix minutes, un quart d'heure au plus.

D. Qu'étiez-vous venu faire à votre domicile?

R. J'y étais venu pour dîner, et je suis retourné chez le sieur *Roof*, pour le prévenir qu'il y avait du bruit.

D. D'après les déclarations de plusieurs témoins, vous auriez été vu dans votre quartier, depuis quatre heures environ jusqu'après la fusillade?

R. C'est faux.

D. Le sieur *Loignon*, marchand de vin, déclare que vous êtes venu chercher chez lui un litre de vin, au moment où les insurgés venaient d'envahir la rue : il était environ quatre heures.

R. Non ; il était six heures.

D. Le sieur *Laubé,* votre voisin, a déclaré au commissaire de police qu'il vous avait vu vers quatre heures. Dans l'instruction, il est vrai, il y a mis moins de précision.

R. Je persiste à dire que c'est à six heures.

D. La dame *Guichard,* votre portière, dit vous avoir vu aller et venir pendant qu'on faisait la barricade.

R. Je n'ai fait qu'entrer à la maison et en sortir pour retourner à mon magasin.

D. Le sieur *Guichard,* son mari, déclare vous avoir vu à la porte lorsqu'on faisait la barricade, et quand la fusillade a eu lieu.

R. Je n'y étais pas.

D. Il ajoute que votre femme pleurait, et qu'elle vous a dit : *Mon ami, rentre ; nos petits enfants pleurent.*

R. Je ne me rappelle pas cela du tout.

D. Il a entendu dire par plusieurs personnes que vous étiez républicain.

R. C'est possible ; on peut avoir une opinion et ne pas se battre.

D. Quand l'opinion de républicain se trouve accompagnée de circonstances de fait qui précèdent, et de celles qui vont suivre, il est bien vraisemblable qu'on l'a mise en action?

R. Si j'avais voulu mettre mon opinion en action, je me serais fait membre d'une société?

D. Rien n'établit que vous n'en êtes pas ; tout, au contraire, concourt à prouver que vous en faites partie.

R. Non ; j'ai fait partie de la société des Droits de l'Homme.

D. Vous convenez être allé chercher, à une heure quelconque de la soirée du 12 mai, à six heures, dites-vous, un litre de vin chez le sieur *Loignon*. Par l'aveu de ce fait, d'ailleurs établi par l'instruction, vous convenez nécessairement avoir traversé la barricade; dès lors c'est une dénégation grossière que de dire et de répéter que vous ne l'avez pas vue: ce qui amène à penser qu'il faut que vous ayez un grand intérêt à faire cette dénégation.

R. Je ne me rappelle nullement avoir vu une barricade en ce moment; mais seulement le lendemain, quand je suis sorti de chez moi.

D. Bien mieux, vous êtes reconnu par plusieurs témoins pour vous être trouvé dans la rue Montorgueil au moment de la prise de la barricade; vous avez même été arrêté et relâché immédiatement.

R. C'est faux, faux, faux.

D. Ces témoins vous reconnaissent à votre vêtement, à votre taille, à l'ensemble de votre physionomie, même au collier de barbe que vous portez.

R. Ils se trompent grossièrement.

D. L'un d'eux même a remarqué qu'alors votre collier ne remontait pas en pointe de chaque côté de la bouche?

R. C'est une preuve que ce n'est pas moi, car je l'ai toujours porté ainsi depuis huit ans.

D. Un autre ajoute que vos mains paraissaient noircies par la poudre, et que, dans la chaleur de l'action, qui se terminait à peine, vous avez reçu deux coups de crosse de fusil dans les jambes.

R. Je ne sais pas tout ce que cela veut dire; il s'agit bien certainement d'un autre que moi.

D. Cependant il est une circonstance qui fortifie la reconnaissance de ces témoins, c'est que l'individu qu'ils ont arrêté, et qu'ils reconnaissent en vous, a dit qu'il était tailleur, profession qui est en effet la vôtre.

R. Mais des voisins auraient pu me voir; mais je me serais nécessairement plaint à quelqu'un des deux coups de crosse de fusil.

D. Les voisins ne devaient pas se tenir sur leurs portes au moment de la fusillade; et, quant aux coups de crosse, vous vous seriez bien gardé de vous en plaindre : vous n'avez même pas parlé, en rentrant, de la blessure que vous aviez au bras.

R. Je ne crois pas en effet avoir parlé de ma blessure le soir, au portier ou à sa femme; mais il l'a su le lendemain.

D. Le sieur *Ledoux,* l'un des grenadiers de la garde nationale qui sont venus attaquer la barricade, a été tué par un des coups de feu qui en sont partis. Dans ce moment, sont partis deux coups de feu détachés des autres : le premier, tiré par un homme en blouse bleue; le second, par un insurgé qui était vêtu comme vous, et avait un collier de barbe semblable; or, il paraît que c'est un de ces deux coups qui a tué le malheureux *Ledoux*.

R. Je ne sais pas; tout ce que je puis répondre, c'est que ce n'était pas moi.

D. C'est dans la rue Montorgueil, à droite, en sortant de la rue Tiquetonne, que vous avez été arrêté; or, un insurgé qui se masquait en partie derrière l'encoignure de la maison qui fait ce coin, a tiré deux ou trois coups de fusil, dont un sur le sieur *Boyer,* sergent de grenadiers de la garde nationale, qui était posté sous l'embrasure d'une porte cochère, à gauche de la rue Tiquetonne, dont la capote a été traversée, à partir de la manche gauche jusqu'à la manche droite, par une balle. Or, le sieur *Boyer* déclare qu'il a fait feu en même temps sur cet insurgé, dont il ne voyait que la tête et le bras droit, et c'est précisément au bras droit que vous avez été blessé.

R. Ce n'est pas moi. Comment! si j'avais voulu me battre, je me serais mis dans mon quartier, où je suis connu de tout le monde!

D. La passion ne réfléchit pas toujours : ainsi l'inculpé *Nicolle,* qui habite la même maison que vous, aurait été vu dans la rue, armé d'un fusil. Je pourrais vous citer encore d'autres exemples.

R. Moi, j'aurais mieux réfléchi. Je suis père de famille, et je tiens trop à ma conservation pour me mêler de semblables choses.

D. Lors des 5 et 6 juin, et depuis, lorsque vous êtes entré dans la société des Droits de l'Homme, vous n'avez pas été retenu par de semblables motifs.

R. Je ne m'en suis pas plus mêlé en juin que cette fois-ci.

D. Cette fois, vous prétendez avoir été blessé au coin de la rue Saint-Sauveur ou Thévenot?

R. Oui; je ne pourrais pas dire laquelle rue, parce que je venais bien vite.

D. Si vous aviez eu tant de répugnance pour les émeutes, vous n'auriez pas fait un si grand tour pour vous rendre à votre domicile; car, précisément, la route la plus sûre à suivre, pour rentrer chez vous sans danger, c'était d'y revenir en droite ligne en sortant de chez le sieur *Roof*.

R. J'ai été poussé par un peu de curiosité à prendre les boulevards.

D. Vous avez insinué dans votre premier interrogatoire que c'était les insurgés qui vous avaient blessé, plutôt que la troupe de ligne. Les précautions que vous avez prises pour cacher votre blessure donnent bien plutôt à penser que vous l'avez reçue étant au nombre des insurgés. Ainsi vous montez rapidement chez vous, sans parler aux portiers de votre blessure.

R. Je ne leur parlais presque jamais.

D. Ainsi vous ne faites point appeler de médecin, et vous faites panser votre blessure par le nommé *Mesnard*, ouvrier imprimeur, demeurant dans la maison.

R. Il m'a pansé ce jour-là et les jours suivants, parce qu'il m'a dit qu'il avait été élève en pharmacie, et que mon mal n'était rien.

D. Vous avez dit faussement à *Mesnard* que vous veniez de faire une course pour votre patron lorsque vous avez été blessé.

R. Je ne me rappelle pas cela.

D. Vous vous êtes hâté d'enlever le morceau de drap de votre manche droite, pour faire disparaître la forme des déchirures faites par la balle.

R. C'est que je voulais y mettre un morceau ; je voulais aussi cacher ma blessure, parce qu'on arrête toujours ceux qui sont blessés.

D. Ainsi vous convenez que vous vouliez cacher votre blessure?

R. Oui; seulement à cause de cela.

D. Est-ce pour ce motif aussi que vous vous êtes empressé d'emporter votre redingote de chez vous chez votre patron?

R. Oui ; ce n'est que là que j'ai enlevé le morceau.

D. En est-il de même quant au prompt raccommodage de votre chemise?

R. Je n'en ai pas beaucoup, et j'en avais besoin.

D. Voilà bien des précautions pour un innocent; mais, du moins, lorsque vous avez été arrêté par M. *Petit,* commissaire de police, c'était le moment de donner quelques détails sur la manière dont vous aviez été blessé. Une note de M. *Petit* constate que vous n'avez donné aucun détail à cet égard.

R. M. *Petit* n'avait pas de mandat d'amener, et je lui ai dit que je répondrais au juge. Je n'ai été arrêté que huit jours après.

D. Ce qui établit encore que, *Nicolle* et vous, vous aviez pris part à l'insurrection, c'est qu'immédiatement votre propriétaire vous avait donné congé à l'un et à l'autre, ainsi qu'au nommé *Mesnard,* soupçonné aussi d'avoir fondu des balles dans la chambre, et d'avoir agi dans les troubles?

R. Si mon propriétaire m'a donné congé, c'est plutôt parce que j'étais en retard de 12 francs 50 centimes; je lui avais donné 30 francs quelques jours auparavant.

D. Il n'est pas probable que, pour un reste de 12 francs 50 centimes, on vous eût donné congé.

R. J'avais eu des difficultés avec la propriétaire à cause d'une chambre que j'avais quittée, qu'elle m'avait empêché de sous-louer, et dont cependant elle voulait que je garantisse les loyers, après l'avoir louée elle-même.

D. Vous connaissez le nommé *Lévêque?*

R. Non, je ne connais pas d'individu de ce nom.

D. Vous connaissez le nommé *Foulon?*

R. Pas davantage.

D. D'après ce qui précède, les charges qui s'élèvent contre vous sont graves. Vous avez une femme et des enfants; je vous engage à mettre plus de franchise dans vos réponses, et à mériter par là quelque indulgence de vos juges.

R. Je ne répondrai jamais autre chose, c'est la vérité.

D. Avez-vous quelque chose à ajouter ou à modifier?

R. Non, si ce n'est que je n'ai appris les troubles que vers six heures du soir, du nommé *Houplant,* tailleur, rue de Grammont, n° 7 ou 13, la première fois que je revins à mon domicile; je l'avais rencontré rue de Grammont, en sortant de mon magasin.

INTERROGATOIRES DE HERBULET.

HERBULET (Jean-Nicolas), *âgé de 29 ans, ébéniste, né au Mesnil (Meuse), demeurant à Paris, rue Louis-Philippe, n° 2.*

1er interrogatoire subi, le 13 mai 1839, devant M. Deroste, commissaire de police.

L'an mil huit cent trente-neuf, le treize mai, à une heure de relevée,

Nous *Jacques-Antoine Deroste,* commissaire de police de la ville de Paris pour le quartier Feydeau, etc.,

Avons interrogé de la manière suivante le nommé *Herbulet,* arrêté hier soir pour les causes énoncées au rapport, qui restera annexé au présent.

D. Quels sont vos nom, prénoms, âge, profession, lieu de naissance, dmeure ?

R. Je me nomme *Herbulet* (*Nicolas*); je suis âgé de 29 ans, né au Mesnil, arrondissement de Verdun (Meuse), ouvrier ébéniste, demeurant rue Louis-Philippe, n° 2, avec un de mes camarades nommé *Bricaire.*

D. Où travaillez-vous présentement ?

R. Je travaille chez moi et pour mon compte.

D. Avez-vous de l'occupation ?

R. Oui, Monsieur, j'en ai même beaucoup.

D. Comment donc se fait-il, si vous avez de l'ouvrage, que l'on vous trouve mêlé aux insurgés, dont les tentatives coupables doivent encore nuire à l'industrie ?

R. Hier, je suis sorti de chez moi à trois heures de l'après-midi ; j'étais seul et j'ignorais alors qu'il y eût du trouble dans Paris ; j'avais travaillé toute la matinée, ainsi que mon camarade.

Arrivé au boulevard Saint-Denis, je vis le monde qui courait; on disait qu'il y avait du train : je retournai sur mes pas. Dans la rue Saint-Antoine, vis-à-vis l'église Saint-Paul, je rencontrai le sieur *Morand*, maître ébéniste, demeurant rue Traversière-Saint-Antoine, je ne puis dire le numéro; il était avec deux personnes que je ne connais pas. Il me proposa d'aller avec eux voir ce qu'il y avait : nous nous dirigeâmes vers l'Hôtel-de-Ville. Au moment où je traversais la place, il y eut un mouvement, et je me trouvai séparé du sieur *Morand*. On disait que l'on se battait sur les quais. Je pris par les rues Beaubourg et Transnonain : il était alors six heures au moins. Je traversai le marché Saint-Martin, puis je gagnai les boulevards. Parvenu au coin de la rue Montmartre, j'y vis *dix ou douze individus armés de fusils;* ils me dirent de les suivre : quelques-uns criaient *à bas Philippe,* et qu'il fallait aller se battre. Je leur répondis que je n'avais rien et que je ne voulais pas y aller. Ils me donnèrent *une balle et une cartouche,* qui ont été trouvées sur moi au moment de mon arrestation, *ajoutant qu'ils me procureraient des armes.* Ils me poussèrent au milieu d'eux, et je me vis ainsi forcé de les suivre. Ils se dirigèrent par une rue dont j'ignore le nom, et qui est parallèle à la Bourse (celle Feydeau ou celle Saint-Marc). Arrivés dans la rue de Richelieu, au coin de celle Feydeau, ils s'arrêtèrent : je les vis se retourner *et mettre en joue* dans la direction de la rue qui y aboutit (celle des Colonnes); je profitai de ce moment pour me sauver. En cet instant, *une décharge eut lieu.* Je suivis la rue de Richelieu jusqu'à la Bibliothèque, puis je revins sur mes pas afin de gagner la rue Montmartre. Apercevant la garde, je songeai que j'avais sur moi une balle et une cartouche, et que je pourrais être compromis si l'on me trouvait ces objets. Je rétrogradai une deuxième fois, et c'est alors que l'on courut après moi. Je pris d'abord la fuite; puis, voyant que c'était bien moi à qui l'on en voulait, je ralentis le pas. Celui qui m'avait poursuivi m'ordonna d'entrer au poste de la Bibliothèque, et je le fis sans la moindre résistance.

D. Le rapport constate que vous aviez la bouche noire, ce qui peut faire penser que vous aviez déchiré des cartouches?

R. Je n'en ai pas déchiré du tout : si j'avais la bouche noire, c'est que dans notre état, pour tracer, on se sert de pierre noire; qu'assez souvent on la mouille à la bouche, afin qu'elle marque mieux;

c'est là seulement ce qui aurait pu noircir mes lèvres, car, je le répète, je n'ai pas déchiré de cartouches; et d'ailleurs je n'avais pas d'armes.

D. Il se pourrait que vous eussiez fait feu, puis que vous eussiez abandonné l'arme dont vous auriez fait usage. Il résulte de vos réponses que vous étiez avec les insurgés au moment où ils ont tiré; et, sur le même emplacement, la garde nationale a retrouvé un fusil qui avait fait feu.

R. Je persiste dans mes précédentes réponses; je n'ai pas eu d'arme entre les mains, et je n'ai pas fait feu.

D. Pourriez-vous signaler les insurgés qui, dites-vous, vous ont entraîné avec eux ?

R. Il y en avait *un grand en blouse blanche* et coiffé d'une calotte noire ou couleur très-foncée : il était armé d'un fusil de munition avec baïonnette.

J'en ai vu un autre qui était en manches de chemise, aussi coiffé d'une calotte.

Un autre était en blouse bleu clair, pantalon blanc et coiffé d'une casquette à visière.

Enfin un autre petit était coiffé d'un chapeau, mais je ne puis indiquer ses vêtements.

D. Pourquoi, sortant de chez vous après votre travail, n'aviez-vous pas mis un vêtement quelconque, soit habit, soit redingote?

R. En descendant de chez moi, je n'avais pas l'intention d'aller me promener bien loin.

D. Avez-vous déjà été arrêté?

R. Une fois, le 3 mars 1831, et j'ai été par suite condamné à un an d'emprisonnement, comme inculpé d'avoir proféré des cris séditieux.

D. Reconnaissez-vous les deux balles et le papier bleu paraissant provenir d'une cartouche, que nous vous représentons?

R. Oui, Monsieur; c'est bien là ce qui m'avait été donné par les insurgés, et ce dont j'étais porteur lorsqu'on m'a arrêté.

2e interrogatoire subi par *Herbulet*, le 14 mai 1839, devant M. Legonidec, Juge d'instruction.

D. Vous n'êtes pas arrêté aujourd'hui pour la première fois?

R. J'ai été arrêté en 1831, et condamné à un an de prison pour cris séditieux.

D. Où et quand avez-vous été arrêté?

R. J'ai été arrêté dimanche soir, à huit heures, rue de Richelieu.

D. Pourquoi et par qui?

R. Je ne sais pas pourquoi; c'est un agent de police en bourgeois qui m'a arrêté.

D. Détaillez-nous l'emploi de votre journée?

R. J'ai travaillé chez moi avec *Bricard*, mon camarade, jusqu'à deux heures et demie; alors *Bricard* m'a quitté pour rentrer chez lui, car il demeure rue de l'Égout, n° 7. J'ai continué à travailler jusqu'à trois heures, et je suis sorti pour me promener sur le boulevard, et j'ai été jusqu'à la porte Saint-Denis. Voyant qu'il y avait du bruit dans Paris, je revins sur mes pas pour rentrer.

Contre l'église Saint-Paul, et près de l'église des protestants, j'ai rencontré *Morand*, maître ébéniste, rue Traversière-Saint-Antoine; il était accompagné de trois inconnus.

Morand m'engagea fort à le suivre pour savoir ce qui se passait.

Je le perdis du côté de l'Hôtel-de-Ville.

J'allai rue Beaubourg, marché Saint-Martin, rue du Vert-Bois : il n'y avait pas de train. Je pris le boulevard jusqu'à la rue Montmartre. Là je trouvai des individus armés qui criaient, et voulurent m'emmener; je résistai, mais d'une poussée ils me jetèrent dans leur rang, et l'un d'eux me mit deux balles dans la main.

Je suivis ce groupe jusqu'à la rue des Colonnes; là je les vis coucher en joue je ne sais qui. Je me sauvai du côté de la rue de Richelieu.

Je fus poursuivi, je m'en aperçus, et je me souvins des deux balles que j'avais sur moi.

Près du poste je ralentis le pas; là je fus rejoint par un monsieur qui me fit entrer au corps de garde, où les deux balles furent trouvées sur moi.

D. Connaissez-vous quelques-uns des hommes armés qui vous ont entraîné à leur suite?

R. Non, je ne les ai jamais vus.

D. Combien d'arrestations avez-vous déjà subies?

R. Deux, une fois à domicile; mais il n'y avait rien contre moi, et j'ai été remis en liberté.

3e interrogatoire subi par *Herbulet,* le 27 mai 1839, devant M. Boulloche, Juge d'instruction délégué.

D. Vous êtes inculpé de vous être rendu coupable d'attentat contre la sûreté de l'État?

R. Je ne vois pas que j'aie attenté à la sûreté de l'État, parce que je me suis promené dans les rues.

D. Faites connaître quel a été l'emploi de votre temps dans la journée du 12 mai?

R. Dimanche 12 mai, j'ai travaillé jusqu'à trois heures après midi; dans ce moment je suis sorti sans trop savoir pourquoi, ni où j'allais: tout en me promenant, je suis arrivé à la porte Saint-Denis; j'avais aperçu du monde du côté de la place de la Bastille; excité par la curiosité, j'ai parcouru les boulevards pour voir ce qui se passait. Arrivé à la porte Saint-Denis, j'y ai vu des rassemblements; mais on ne tirait pas, on ne voyait rien, ni d'un côté ni de l'autre. Quand j'ai vu que ce train était si conséquent, j'ai couru dans la rue Saint-Martin: il y avait foule de monde, mais le poste n'était pas encore désarmé. J'ai passé mon chemin tout droit. Je suis entré chez *Laurent Herbulet,* mon frère, rue Jean-Robert, n° 28, pour y mettre un pantalon. Une demi-heure après, je suis sorti; j'ai pris les rues Michel-le-Comte, du Temple, et autres dont je ne sais pas le nom. Vers les quatre heures ou quatre heures et demie, j'ai rencontré un camarade dont je ne sais pas le nom; nous avons bu ensemble un verre de vin près du grand bureau du

Mont-de-Piété; je n'ai pas traversé la rue des Francs-Bourgeois. J'ai ensuite rejoint la rue Saint-Antoine; je retournais chez moi, lorsque, près de l'église Saint-Paul, j'ai rencontré le sieur *Morand,* maître ébéniste, rue Traversière-Saint-Antoine. Je lui ai dit qu'il y avait du train, qu'on se battait; il m'a proposé de revenir avec lui voir ce qui se passait, et j'y ai consenti.

D. Sur quel point vous êtes-vous porté avec le nommé *Morand* dont vous venez de parler?

R. Nous sommes allés ensemble sur la place de l'Hôtel-de-Ville; il ne m'a cependant pas accompagné jusque-là : nous nous sommes séparés et perdus aux environs de la rue du Pont-Louis-Philippe. Sur la place de l'Hôtel-de-Ville, j'ai regardé la troupe défiler. Je suis ensuite allé du côté de la rue Beaubourg : il y avait du monde; mais je n'ai pas vu d'armes dans cette rue. Je n'ai vu des hommes armés que dans les rues voisines. Sans me mêler à aucun de ces rassemblements, j'ai traversé la rue Beaubourg; j'ai continué mon chemin du côté du marché Saint-Martin, et de là, sur les boulevards. Il devait être alors sept heures, sept heures et demie.

D. Du boulevard, où êtes-vous allé?

R. Je suis allé jusqu'au coin de la rue Montmartre; j'y ai vu des groupes : on a voulu me pousser dedans; il y avait parmi les hommes qui les composaient des jeunes gens armés. Un d'eux m'a dit de venir me battre, qu'on me donnerait des armes. Il m'a mis dans la main deux balles; je ne sais pas s'il y avait de la poudre. Je n'ai pas voulu de leurs armes; j'ai été obligé de suivre le mouvement jusque, soit dans la rue Saint-Marc, soit dans la rue Feydeau : c'est alors qu'ils ont tiré des coups de fusil, soit sur la garde nationale, soit sur la troupe de ligne. J'ai eu peur; je me suis sauvé rue de Richelieu. J'ai réfléchi que j'avais des balles qui pouvaient me compromettre; j'ai voulu revenir sur mes pas. Arrivé près de la rue des Colonnes, j'ai aperçu des baïonnettes; je me suis dit : si c'est de la garde nationale, on va m'arrêter; si ce sont des insurgés, ils me feront remettre avec eux : dans cet embarras, je me suis encore sauvé du côté de la rue de Richelieu, et c'est alors que j'ai été arrêté. Je ne sais pas quelle heure il était au juste; je peux croire qu'il était huit heures.

D. Le compte que vous venez de rendre de l'emploi de votre temps n'est point exact; vous ne vous êtes pas contenté d'aller voir comme curieux presque tous les points attaqués, vous avez pris à ces attaques une part active: ce qui le prouve, c'est que, lors de votre arrestation, vous aviez les lèvres noircies par la poudre, parce que vous aviez déchiré des cartouches.

R. Dans mon état, je me sers de pierre noire; on est obligé de la mouiller, c'est ce qui noircit les lèvres.

D. Vous étiez dans la rue des Colonnes lorsque des coups de fusil ont été tirés?

R. Je ne suis pas entré dans la rue des Colonnes: les insurgés tiraient de la rue Feydeau sur la rue des Colonnes, et c'est alors que je me suis sauvé.

D. N'avez-vous pas entendu proférer les cris : *à bas Louis-Philippe!* par les insurgés qui étaient dans la rue des Colonnes?

R. C'est dans la rue Saint-Marc ou dans la rue Feydeau que j'ai entendu crier : *à bas Philippe!*

D. Vous étiez alors armé, et vous êtes venu de la rue Feydeau dans la rue d'Amboise?

R. J'ai suivi la rue Feydeau tout droit; je ne connais pas la rue d'Amboise.

D. Si vous n'êtes point entré dans la rue d'Amboise, vous êtes allé dans celle Favart, et c'est du coin de ces deux rues que vous avez tiré sur des officiers d'état-major?

R. Je ne connais pas plus la rue Favart que je ne connais la rue d'Amboise.

D. Des insurgés dont vous faisiez partie étaient dans ces rues d'Amboise et Favart; l'approche d'un détachement de la garde nationale les a fait fuir du côté de la rue des Filles-Saint-Thomas; c'est encore là qu'on vous a vu remplissant les fonctions de chef; vous vouliez rallier vos complices, cela ne vous a pas été possible : les uns se sont enfuis d'un côté et vous par la rue de Richelieu; on ne vous a pas perdu de vue un seul instant, et c'est alors qu'on vous a poursuivi et arrêté.

R. Je déclare que, depuis la rue des Colonnes, je n'ai plus vu d'insurgés; s'il y a eu de mauvais coups faits depuis, je n'en suis pas responsable.

D. Expliquez donc comment il est possible qu'on vous ait vu au coin de la rue Vivienne et de celle des Filles-Saint-Thomas, au milieu d'une dizaine d'insurgés dont vous paraissiez être le chef?

R. Je ne suis point allé dans toutes les rues dont vous me parlez; de la rue Feydeau je suis allé dans la rue Richelieu, où j'ai été arrêté.

D. Quelques instants après avoir quitté la rue des Colonnes, n'êtes-vous pas entré chez un marchand de vin, au coin des rues d'Amboise et Favart?

R. Je n'ai été chez aucun marchand de vin.

D. N'avez-vous pas remarqué, parmi les insurgés avec lesquels vous avouez vous être trouvé rue Feydeau, un homme ayant une redingote bleue boutonnée du haut en bas, et ayant une buffleterie?

R. Je ne peux pas vous dire cela, je ne l'ai pas vu.

D. Quels sont les insurgés que vous avez reconnus?

R. J'en ai vu en blouse bleue, en blouse blanche, en redingote et en chemise, et n'en ai reconnu aucun.

D. Les insurgés, qui de la rue Feydeau ont tiré sur la rue des Colonnes, ont abandonné une arme; n'est-ce pas celle dont vous étiez porteur?

R. Puisque je n'ai jamais eu de fusil, je n'ai pas pu en abandonner.

D. Connaissez-vous le traiteur *Bonnefond,* rue Feydeau, n° 3?

R. Je ne le connais pas, je n'ai jamais mis le pied chez lui.

D. N'avez-vous pas vu, au milieu des insurgés avec lesquels vous vous trouviez rue Feydeau, un homme à jambe de bois?

R. Non, Monsieur, je n'en ai pas vu.

D. Connaissez-vous le nommé *Pornin?*

R. Non, Monsieur, je ne le connais pas.

D. A quelle société politique avez-vous appartenu?

R. Jamais à aucune.

D. Avez-vous été poursuivi et condamné?

R. En 1831, j'ai été condamné à un an de prison pour propos séditieux. C'est très-injustement que j'ai été condamné; j'avais parlé des ministres et non du Roi. Les agents de police ont fait contre moi de fausses dépositions : je n'en veux cependant pas au Roi, ce n'est pas sa faute; mais il est malheureux pour lui d'avoir de mauvais agents, car du monde qui est bien paisible et qui ne pense à aucune chose se trouve exaspéré.

D. C'est donc la condamnation prononcée contre vous en 1831 qui vous a exaspéré, et qui vous a fait prendre la résolution de faire dernièrement cause commune avec les insurgés?

R. C'est un jugement de complaisance qu'ils ont fait entre eux; je n'en veux pas au Roi pour cela, ni aux juges, ni aux jurés, mais aux agents. Je ne me suis point réuni aux insurgés, et je n'ai rien à me reprocher.

4e interrogatoire subi par *Herbulet,* le 29 mai 1839, devant M. le Chancelier de France, président de la Cour des Pairs.

D. Vous avez été arrêté rue de Richelieu, le dimanche 12 mai, vers huit heures du soir.

R. Oui, Monsieur.

D. Vous étiez avec une troupe d'insurgés, avant votre arrestation?

R. Je me suis trouvé avec eux sans le savoir, je ne savais pas les rencontrer.

D. Vous portiez cependant un fusil?

R. Non, Monsieur.

D. Vous étiez avec les insurgés au moment où ils ont tiré sur la rue des Colonnes?

R. J'étais avec eux au moment où ils ont tiré, mais je n'avais pas d'armes, et je me suis dispersé d'eux.

D. A quel endroit vous êtes-vous réuni à cette bande?

R. Je les ai rencontrés rue Montmartre; quand ils ont été pour se battre, je les ai laissés là et je me suis sauvé.

D. On ne peut pas douter que vous ayez tiré des coups de fusil, car vous aviez les mains et la figure noircies par la poudre, et, en passant le doigt sur votre figure, c'était de la poudre qui s'y trouvait?

R. Il se peut que j'aie eu la figure noire, parce que, dans mon état, on se sert de pierre noire; mais ce n'était pas de la poudre.

D. Si vous avez commencé à faire partie de la bande rue Montmartre, vous êtes allé avec elle ailleurs que vous ne le dites; vous êtes allé avec elle jusqu'à la rue d'Amboise?

R. Non, Monsieur, je ne suis point allé de ce côté-là.

D. Vous n'auriez pas été arrêté rue de Richelieu, si on ne vous avait pas suivi jusque-là.

R. Je ne sais pas pourquoi j'ai été arrêté.

D. N'aviez-vous pas été auparavant chez un traiteur de la rue Feydeau?

R. Non, Monsieur.

D. Vous devriez comprendre que ces mensonges ne vous serviront à rien.

R. Je ne peux pas vous dire une chose qui n'est pas.

D. N'avez-vous pas été l'un des chefs de cette bande?

R. Je n'ai pas les moyens pour cela, et si je les avais, je ne les emploierais pas à cela.

D. Connaissez-vous quelques-unes des personnes qui faisaient partie de la bande?

R. Non, Monsieur, je ne connais personne.

D. En quel endroit avez-vous quitté les insurgés?

R. Au coin de la rue des Colonnes.

D. Je vous fais remarquer qu'un fusil a été trouvé à cet endroit même.

R. Je ne suis pas entré dans la rue des Colonnes. J'étais à quinze pas en arrière des insurgés, quand ils ont tiré de la rue Feydeau. Le témoin qui dit qu'il m'a vu, et que j'avais l'air d'être un chef, se trompe; s'il l'a fait de bonne foi, je ne peux pas lui en vouloir pour cela.

5e interrogatoire subi par *Herbulet*, le 15 juin 1839, devant M. Boulloche, Juge d'instruction délégué.

D. Dans les interrogatoires par vous déjà subis, et notamment dans celui du 13 mai, vous avez prétendu qu'après avoir parcouru les rues Beaubourg, Transnonain, le marché Saint-Martin et les boulevards, vous aviez rencontré, au coin de la rue Montmartre, dix à douze individus armés de fusils, qui vous avaient ordonné de les suivre; ne vous êtes-vous pas établi le chef de cette bande, et n'êtes-vous pas venu avec elle dans la rue des Jeûneurs, place de la Bourse, rues des Colonnes, Richelieu et autres?

R. C'est la vérité que j'ai déclarée dans mes précédents interrogatoires. Ainsi, depuis la rue Montmartre jusqu'à la rue Feydeau, j'ai suivi la bande dont je viens de parler; j'étais alors à environ quinze pas derrière eux. Lorsque je les ai vus mettre en joue et faire feu sur des soldats de la ligne ou d'autres personnes, je me suis sauvé; c'est quelques instants après que j'ai été arrêté rue de Richelieu : je n'étais donc pas le chef de cette bande. J'ai remarqué un des hommes qui la composaient, je ne sais pas s'il en était le chef; c'est un homme assez grand, vêtu d'une blouse comme blanche, et coiffé d'une calotte brune : je ne pourrais pas indiquer la couleur d'une manière précise. Cet homme était armé d'un fusil; je ne sais pas s'il y avait une baïonnette.

D. Vous avez signalé un autre insurgé qui, avez-vous dit, était en manches de chemise et coiffé aussi d'une calotte. Ne l'avez-vous pas reconnu à la Conciergerie?

R. J'en avais vu plusieurs en manches de chemise; je n'en ai reconnu aucun à la Conciergerie.

D. Lorsque, selon vous, les insurgés vous ont entraîné, ne vous ont-ils pas conduit près du passage des Variétés, ne se sont-ils pas arrêtés à l'entrée de ce passage qui donne dans la rue Saint-Marc-Feydeau, et l'un d'eux n'est-il pas entré dans ce passage pour savoir s'il y avait un magasin d'armes?

R. Il est à ma connaissance que, tandis que j'étais avec eux, ils se sont effectivement arrêtés près de la grille de ce passage; ils étaient alors douze ou quinze. Je ne sais pas si l'un d'eux est entré dans ce passage, ni pour quel motif il y serait entré.

D. En quittant cette grille du passage des Panoramas, quelle direction ces insurgés ont-ils prise?

R. Ils ont suivi la rue tout droit, et ils sont allés, comme je l'ai déjà dit, dans la rue Feydeau, en face la rue des Colonnes.

INTERROGATOIRES DE VALLIÈRE.

VALLIÈRE (François), *âgé de 31 ans, imprimeur, né à Issoire (Puy-de-Dôme), demeurant à Paris, rue Contrescarpe-Dauphine, n° 7.*

1er interrogatoire subi, le 13 mai 1839, devant M. Prudhomme, Juge d'instruction.

D. Dans quelles circonstances avez-vous été arrêté?

R. Je suis sorti de chez moi vers les quatre heures; je me suis dirigé vers la rue des Moineaux, en face de laquelle demeure M. *Joubert,* marchand de meubles, à qui je dois un billet de 50 francs dont il était venu réclamer le payement : la boutique était fermée. Je me dirigeai sur les Champs-Elysées, d'où je revins par la Madeleine et la rue de la Michaudière. Je traversai le marché Saint-Honoré et me suis approché du Carrousel. Arrivé à la hauteur de la rue Saint-Nicaise, j'ai vu deux hommes qui s'enfuyaient; j'ai fait comme eux, et j'ai été au moment même arrêté par un Monsieur qui m'a terrassé, et qui m'aurait maltraité si je n'avais pas été retiré de ses mains par un adjudant-major qui commandait le poste de la rue de Rivoli. Je nie avoir eu en ma possession un fusil et l'avoir déposé auprès d'une boutique, ainsi que l'a prétendu la personne qui m'a arrêté. Je nie également avoir été en compagnie d'une autre personne : j'ai été seul pendant tout le cours de ma promenade.

Je n'ai point de travail pour le moment; je vis de mes économies et du travail de ma femme. Je ne fais partie d'aucune société. J'ai été arrêté pour avoir posé des couronnes sur les tombes de Pépin et de Morey.

2e interrogatoire subi par *Vallière,* le 11 juin 1839, devant M. Boulloche, Juge d'instruction délégué.

D. Persistez-vous dans les réponses que vous avez faites dans votre interrogatoire du 13 mai dernier?

R. Oui certainement, j'y persiste; j'ai trop de preuves pour ne pas y persister.

D. A quelle heure êtes-vous sorti de chez vous?

R. Le dimanche, 12 mai, je suis sorti de chez moi vers huit heures du matin; je suis allé trouver le sieur *Gannière,* ancien militaire décoré, rue Montorgueil, n° 33; nous avons passé quelques heures ensemble; je l'ai quitté à midi, heure à laquelle je suis rentré chez moi; je me suis couché, et, vers quatre heures ou peut-être cinq, je suis allé rue Neuve-Saint-Roch, chez le sieur *Joubert,* en face la rue des Moineaux, pour m'entendre avec lui sur le payement d'un bon de 50 francs que je lui devais. Voyant que sa boutique était fermée, j'ai passé outre; il était alors sept heures et demie, huit heures. Dans l'intervalle qui s'était écoulé depuis la sortie de mon domicile jusqu'à ce moment, j'étais allé me promener aux Champs-Élysées, et j'ai pris, pour revenir chez moi, les boulevards de la Madeleine et suivants; je les ai quittés pour prendre, soit la rue de la Michaudière, soit la rue parallèle, pour revenir de là rue Contrescarpe-Dauphine. Je ne connais pas assez les rues pour pouvoir vous indiquer celles que j'ai suivies.

D. On vous a vu dans la rue des Frondeurs, accompagné d'un autre individu; vous étiez tous les deux armés d'un fusil de munition; vous veniez de quitter les rues Richelieu et Sainte-Anne; vous cherchiez à éviter des soldats de la ligne qui venaient de mettre en déroute une quinzaine d'insurgés du côté de la rue Richelieu. Vous êtes entré dans la rue Saint-Nicaise; lorsque vous avez aperçu une compagnie du 53e en bataille, à peu de distance de cette rue, vous avez, ainsi que votre camarade, déposé vos armes contre le mur d'une maison; vous avez aussitôt pris la fuite, et, quelques instants après, vous avez été arrêté rue de Rivoli. Comment vous étiez-vous procuré cette arme et quel usage en aviez-vous fait?

R. Dans tout le trajet que j'ai parcouru, je n'ai pas rencontré un seul insurgé; je n'ai pas entendu de détonation d'armes à feu; je n'ai rencontré que des personnes paisibles; j'ai toujours été seul; je n'ai pas touché un fusil de la journée, et le monsieur qui prétend m'avoir vu déposer une arme dans la rue Saint-Nicaise en a menti, et excessivement menti. Je lui ai dit, lorsqu'il m'a arrêté, qu'il se trompait; et, conduit au poste, j'ai demandé à être fouillé; j'ai même fait voir et sentir mes mains, et on n'a remarqué, ni sur moi ni dans mes poches, ni trace ni odeur de poudre.

D. Le témoin qui vous a arrêté n'a pas pu commettre l'erreur que vous lui attribuez; lui et une autre personne vous suivaient depuis la rue des Frondeurs; il déclare ne pas vous avoir perdu de vue un seul instant. Après avoir mis vos armes à terre, vous avez, vous et votre camarade, pris la fuite en suivant la même direction; et il fait connaître que, s'il n'avait pas eu la main embarrassée par votre fusil qu'il venait de ramasser, et par son parapluie, il aurait pu vous arrêter tous les deux.

R. Je soutiens, sur tout ce que l'homme a de plus sacré, que je n'ai pas touché un fusil; je défie qui que ce soit de m'en avoir vu un.

D. Cependant deux fusils ont été, par le témoin et une autre personne, ramassés, et vous êtes signalé comme les ayant déposés dans la rue Saint-Nicaise?

R. Cela n'est pas.

D. Ces fusils étaient chargés, amorcés, et ils avaient servi dans le cours de la soirée.

R. Je n'en sais rien.

D. Il est impossible que, dans les rues que de votre propre aveu vous avez parcourues, vous n'ayez pas, vers huit heures et demie du soir, rencontré des insurgés et entendu la détonation d'armes à feu: il est évident que, dans ce moment, des coups de fusil ont été tirés dans les rues que vous avez fréquentées.

R. Je persiste à soutenir que je n'ai rien entendu, et que je n'ai vu que des promeneurs.

D. Avant d'arriver dans la rue des Frondeurs, n'étiez-vous pas passé par les rues d'Amboise et Favart?

R. Je ne connais pas les rues dont vous me parlez.

D. Comment étiez-vous vêtu le dimanche 12 mai?

R. Tel que je suis aujourd'hui.

D. N'aviez-vous pas une blouse par-dessus votre redingote?

R. Non, Monsieur; je n'ai qu'une blouse de chasse à raies bleues et blanches; elle était restée chez moi; ma femme me l'a apportée depuis que je suis détenu. Le sieur *Pérodin,* marchand de vin en face le n° 7 de la rue Contrescarpe, le portier et la portière, m'ont vu sortir le dimanche, et ils pourraient attester que je n'avais pas de blouse.

D. Si vous n'étiez pas coupable des faits qui vous sont reprochés, pourquoi, lors de votre arrestation, avez-vous résisté, au point qu'on a été obligé de vous terrasser et de vous menacer de coups de crosse de fusil?

R. Je n'ai fait aucune résistance. Après avoir couru au plus une minute et même moins, je me suis arrêté au premier cri : *Arrête!* Le témoin m'a porté un coup de crosse de fusil à la tête, ce qui m'a fait tomber; dans cette position, il me portait encore des coups de parapluie; un adjudant-major du 53e de ligne lui a reproché sa brutalité et lui a enjoint de ne pas me maltraiter.

D. Quels sont vos moyens d'existence?

R. Depuis quatre ou cinq mois je suis sans ouvrage; j'ai travaillé en dernier lieu chez le sieur *Malteste,* rue des Deux-Portes-Saint-Sauveur, n° 18 : j'ai été employé dans cette maison au moins deux ans; j'ai encore dans ce moment, à ma disposition, trois ou quatre cents francs provenant de mon travail.

D. Vous êtes depuis quatre à cinq mois sans ouvrage, il vous reste encore trois ou quatre cents francs; il fallait que vous eussiez des économies bien considérables pour un ouvrier?

R. J'ai eu jusqu'à mille francs et même trois ou quatre mille francs, provenant de la vente que j'ai faite des biens-fonds que je possédais à Sauvegnac, à une lieue d'Issoire.

D. Faites-vous partie de quelque association?

R. Je n'ai jamais fait partie d'aucune association politique. J'ai été poursuivi pour avoir déposé des couronnes sur les tombes de *Pépin* et *Morey,* et j'ai été acquitté.

D. La conduite que vous avez tenue dans cette circonstance témoigne hautement de vos mauvaises opinions politiques, et rend seule très-vraisemblable la nouvelle inculpation dirigée contre vous.

R. J'ai agi sans aucune intention politique: nous venions de déjeuner, et, amenés au cimetière du Mont-Parnasse par curiosité, j'ai acheté une couronne de cinq sous que j'ai mise sur cette tombe.

3e interrogatoire subi par *Vallière*, le 10 juillet 1839, devant M. Boulloche, Juge d'instruction délégué.

D. Persistez-vous dans les réponses consignées dans votre interrogatoire du 11 juin dernier?

R. Oui, Monsieur.

D. Cependant le nommé *Gannière*, chez lequel vous aviez prétendu être resté une partie de la matinée du dimanche 12 mai, affirme qu'il ne vous a pas vu, et qu'à cette époque du 12 mai, il y avait plus d'un mois qu'il n'avait entendu parler de vous.

R. Malgré l'affirmation du sieur *Gannière*, je soutiens, ainsi que je l'ai déjà déclaré, que j'ai passé, avec lui et chez lui, la matinée du dimanche 12 mai; et cela est si vrai, que je suis allé chez l'épicier voisin chercher de l'eau-de-vie en son nom.

D. Vous avez aussi prétendu que vous étiez allé, dans la soirée de cette même journée du 12 mai, chez le sieur *Joubert*, votre créancier, parce qu'il était venu le matin vous dire de passer chez lui. Le sieur *Joubert* a été entendu, il a déclaré qu'il ne vous avait fixé ni jour ni heure; que, dans tous les cas, il était chez lui dans la soirée du dimanche, et que si vous eussiez frappé, la boutique vous aurait été ouverte.

R. Je suis sorti avec l'intention d'aller chez le sieur *Joubert;* sa boutique était fermée, et n'ayant point aperçu de lumière, je n'ai pas cru devoir frapper à sa porte.

D. Vous avez fait partie d'une bande de douze ou quinze insurgés qui, dans la rue Mondétour, ont envahi le domicile du sieur *Lefebvre* et lui ont enlevé son fusil de garde national; c'est un homme de votre taille et de votre tournure, avec une barbe longue comme vous portez la vôtre, qui lui a pris son fusil, et c'est ce même fusil qui, deux heures plus tard, a été par vous déposé dans la rue Saint-Nicaise.

R. Je ne suis entré chez personne, je n'ai désarmé personne, et, ainsi que je l'ai déjà déclaré, je n'ai point déposé de fusil dans la rue Saint-Nicaise : si j'ai été arrêté dans le voisinage de cette rue, c'est que j'ai été l'objet d'une malheureuse erreur.

D. C'est cette même bande qui, en quittant la rue Mondétour, est arrivée dans celle des Jeûneurs, a attaqué et désarmé le sieur *Venant,* sergent-major de la garde nationale, et qui, quelques instants après, a fait feu dans les rues des Colonnes et d'Amboise ?

R. Il y a au moins un an que je n'ai passé par là.

D. Cependant, lorsque la personne qui vous a arrêté vous a aperçu, vous veniez de la rue Sainte-Anne, et la rue d'Amboise est la seule dans ce quartier dans laquelle des coups de fusil ont été tirés ; et les armes que vous avez déposées dans la rue Saint-Nicaise avaient fait feu : l'une d'elles était encore chargée et amorcée.

R. Depuis huit ans que j'habite Paris, et ayant habité le quartier du Louvre, que je connais parfaitement, il n'est pas croyable que si j'avais fait partie de quelques bandes d'insurgés, je me serais dirigé sur le Louvre, sachant bien qu'il devait y avoir des troupes sur ce point.

INTERROGATOIRES DE ÉLIE.

ÉLIE (Charles-Étienne), *âgé de 22 ans, garçon marchand de vin, né à Paris, y demeurant, rue de la Vannerie, n° 35.*

1er interrogatoire subi, le 13 mai 1839, devant M. Labour, Juge d'instruction.

D. Vous êtes inculpé d'avoir fait partie de bandes armées dans la journée du 12 mai, pour attenter à la sûreté de l'État?

R. Je passais, à cette heure, devant le marché des Innocents; je venais de trouver un fusil de munition, non chargé; je le ramassai, lorsqu'un officier de la garde nationale m'a porté plusieurs coups de sabre sur la figure et dans le côté. Je n'ai fait aucune résistance quand on m'a arrêté.

D. Pourquoi vous trouviez-vous sur la place des Innocents à sept heures du soir?

R. Je me trouvais comme curieux sur la place des Innocents. Il y avait une heure que j'étais sorti de chez moi. J'étais sorti seul; en descendant, j'étais entré boire avec le nommé *Fécit,* qui demeure même maison que moi : *Fécit* est un homme vendu comme remplaçant. Je ne savais où j'irais de la place des Innocents; je regardais comme bien d'autres.

D. Avez-vous été condamné ou arrêté?

R. Jamais condamné; une fois arrêté pour m'être baigné dans la Seine.

2e interrogatoire subi par *Élie,* le 2 juillet 1839, devant M. Legonidec, Juge d'instruction délégué.

D. Vous vivez avec une fille publique?

R. Non, Monsieur.

D. Nous avons sous les yeux des lettres qui sembleraient attester le contraire?

R. J'ai une fille publique pour amante; mais je ne vis pas avec elle.

D. Où demeure-t-elle?

R. Je ne sais pas au juste; tout ce que je sais, c'est qu'elle ne demeure plus rue de la Vannerie, n° 37.

D. Vous habitiez donc la même maison?

R. Oui, Monsieur, depuis huit jours, depuis que j'étais sorti de l'hôpital.

D. Dans quel hôpital vous êtes-vous trouvé?

R. A la Charité.

D. Quels sont vos moyens d'existence?

R. J'ai des moyens d'existence, puisque j'ai été établi l'année dernière. Je suis sans place depuis quatre mois environ.

D. Le 12 mai, la fille *Toussaint* n'a-t-elle pas tenté de vous retenir auprès d'elle?

R. Oui, Monsieur, cela est vrai.

D. Pourquoi l'avez-vous quittée?

R. Je l'ai quittée, comme bien d'autres, pour voir ce qui se passait. Je n'avais nulle affaire dehors, il est vrai.

D. Vous deviez être d'autant plus circonspect, que déjà vous aviez été arrêté et condamné, tant pour vous être trouvé dans des rassemblements tumultueux, que pour avoir fait rébellion à la force publique.

R. Je me suis trouvé dans la mêlée, comme bien d'autres, en 1835, sans savoir que les sommations avaient été faites. J'ai été jugé à la septième chambre.

Il est vrai également qu'étant en ribote, et au Palais-Royal, j'ai, plus tard, porté un coup de poing à un factionnaire; mais j'ai le malheur qu'en ribote je casse et brise tout : c'est pourquoi je ne m'y mets jamais. J'ajouterai que c'est par défaut que j'ai été condamné pour cette rébellion, car je n'ai pas reçu d'assignation.

D. Vous avez aussi été arrêté plusieurs fois pour vol?

R. Non, Monsieur.

D. Vous n'avez pas été condamné, le 13 août 1834, à six mois de prison pour vol?

R. Non, Monsieur.

D. Vous n'avez pas été renvoyé d'une plainte, en vol domestique, le 18 juin de la même année?

R. Non, Monsieur. J'ai encore été arrêté une fois pour m'être baigné en pleine rivière. J'ai fait un jour de préfecture, et j'ai été condamné à 1 ou 2 francs d'amende et aux dépens.

D. Vous avez été arrêté, le 12 mai, vers sept heures du soir?

R. Oui, Monsieur.

D. Vous avez été arrêté, armé d'un fusil de munition?

R. Oui, Monsieur, c'est vrai; vous dire non, ce serait inutile.

D. Vous avez fait usage de ce fusil contre la troupe?

R. Non, Monsieur; car si je m'en étais servi, j'aurais bien pu tuer le lieutenant qui m'a arrêté deux minutes avant qu'il ne m'arrête.

Je dis lui, et les douze personnes qui étaient avec lui, et parmi lesquelles se trouvait un individu qui me doit de l'argent, et qui, sans doute, ne m'a fait arrêter que par vindication.

D. Comment nommez-vous cet homme?

R. Renaud; c'est un escroc de première force. Lorsque j'étais établi, il demeurait rue de la Féronnerie, n° 15; je crois même qu'il est employé à la police. Je l'ai rencontré plusieurs fois, et chaque fois il mettait la conversation sur les affaires politiques et marquait beaucoup d'attachement au renversement du Gouvernement. « Si jamais, disait-il, il vient une émeute, je me mettrai dedans; je ne « serai pas un des derniers. » C'est à quoi j'ai attribué qu'il était de la police, lorsque je l'ai vu au milieu de la garde nationale, en bourgeois, quand j'ai été arrêté.

D. Au moment de votre arrestation, votre fusil était déchargé?

R. Je ne pourrais pas vous le dire; je ne me souviens pas.

D. Où vous l'étiez-vous procuré?

R. Je l'avais trouvé.

D. Sur quel point?

R. Rue Saint-Denis, contre la rue des Prêcheurs : il n'en manquait pas par là ; il y en avait plusieurs par terre.

D. Pourquoi l'avez-vous ramassé?

R. Parce que plusieurs personnes m'ont forcé à le prendre comme bien d'autres qui ont passé en même temps que moi.

D. Vous vous êtes donc trouvé mêlé aux factieux ?

R. Dans le moment où j'ai été arrêté, j'étais tout seul ; c'était bien la preuve que je n'étais pas avec eux : j'attendais le moment de passer pour m'échapper.

D. Vous vous êtes trouvé, avec plusieurs d'entre eux, sur la place Sainte-Opportune, lorsque le rappel et son escorte sont passés?

R. Non, Monsieur, ceci est faux.

D. Vous êtes cependant positivement reconnu comme ayant alors, avec trois ou quatre insurgés, fait feu sur l'escorte du rappel, et l'on vous désigne personnellement comme ayant tiré sur le lieutenant ?

R. Je vous assure que je ne me suis pas trouvé place Sainte-Opportune, en compagnie de trois ou quatre factieux dont vous me parlez.

Je m'en allais par la rue Saint-Denis, lorsque, à la hauteur de la rue aux Fers, j'ai aperçu le lieutenant avec plusieurs hommes de la garde nationale et de la troupe. Je suis retourné sur mes pas, pour ne pas me rencontrer avec eux. Je me suis arrêté un moment sur le trottoir du marché, vis-à-vis le marchand de vin *Bordier*, je ne sais plus pourquoi faire ; c'est alors que le lieutenant est venu derrière moi avec de la troupe, qu'ils m'ont renversé par terre et frappé.

D. Ne vous êtes-vous pas trouvé, dans cette circonstance, avec le nommé *Terrasson?*

R. Je ne le connais pas. Je sais bien de qui vous voulez me parler, parce que je l'ai entendu appeler à la Conciergerie ; il n'était pas avec moi, et je ne crois pas qu'il ait été arrêté par là.

D. Pendant le séjour que vous avez fait au milieu des factieux, y avez-vous reconnu quelqu'un?

R. Non, Monsieur.

D. Les coups de sabre que vous avez reçus n'ont-ils pas été provoqués par la résistance que vous avez faite à la troupe, au moment où vous avez été arrêté?

R. Je ne puis avoir fait aucune résistance, puisque j'ai été pris par derrière. C'est par le lieutenant que m'ont été portés les coups de sabre; du moins, comme j'en ai reçu plusieurs, je ne sais pas s'ils m'ont été tous donnés par la même main.

D. A quelle heure étiez-vous sorti de votre garni?

R. Environ une heure et demie auparavant; je ne sais pas au juste.

INTERROGATOIRES DE GODARD.

GODARD (Charles), *âgé de 40 ans, ouvrier bonnetier, né à Caen (Calvados), demeurant à Paris, boulevard Bourdon, n° 8.*

1er interrogatoire subi, le 12 mai 1839, devant M. Gabet, commissaire de police.

D. Chez qui travaillez-vous?

R. Chez M. *Bruand*, rue Moreau, n° 11.

D. Comment vous trouviez-vous, ce soir, rue Saint-Martin, en face la rue Meslay, vers onze heures, porteur du pistolet à pierre, chargé et amorcé, du moule à balles, de la poire à poudre, en contenant quelque peu, du poignard, des six cartouches, des balles de divers calibres, des deux morceaux de calicot, des deux morceaux de papier salis de poudre, et du ciseau servant de tournevis et de baguette au pistolet que je vous représente?

R. J'ai trouvé tous ces objets, à l'exception du petit couteau et du plus grand morceau de calicot, qui m'appartiennent, enveloppés dans le petit morceau de calicot, sur le boulevard des Filles-du-Calvaire, une heure à peu près avant mon arrestation.

D. Pourquoi, lorsqu'à plusieurs reprises le capitaine du 9e régiment de ligne *Vallois* vous a enjoint de vous retirer, avez-vous persisté à rester près de l'escorte conduisant les prisonniers faits à l'occasion de l'insurrection?

R. Je n'ai point persisté à rester près de l'escorte; j'ai dit au contraire que je m'en allais chez moi.

D. D'où proviennent les traces noires qui se remarquent encore à votre visage, du côté droit, près et au-dessous de la bouche et dans le coin gauche de votre bouche? Elles sembleraient indiquer que vous avez déchiré des cartouches?

R. Je ne sais d'où proviennent ces traces; j'affirme que je n'ai pas déchiré de cartouches.

D. Vous nous avez dit que le plus grand morceau de calicot vous appartenait, et qu'il vous servait de mouchoir de poche; comment se fait-il qu'il est sali de poudre?

R. Il paraît être noirci de poudre, effectivement; c'est sans doute en touchant le paquet que j'ai trouvé.

D. Aviez-vous défait ce paquet?

R. Non; je ne savais point ce qu'il contenait.

D. Ce paquet, n'ayant pas été défait, n'a pu noircir le morceau de calicot en question?

R. C'est que, sans que je m'en sois aperçu, des cartouches seront sorties du paquet et auront noirci le morceau de calicot.

D. Vous prétendez n'avoir point défait le paquet; comment donc se fait-il que ce qu'il contenait se soit trouvé divisé dans une poche de derrière et dans une poche de côté de votre redingote: dans celle-ci, le pistolet, la poire à poudre, le moule à balles et le poignard; dans l'autre, les chiffons de calicot, les cartouches, les balles et les morceaux de papier noircis de poudre?

R. C'est que le paquet étant assez volumineux, il se sera divisé lui-même sans que je m'en aperçoive, en le faisant passer d'une poche dans l'autre.

D. Ces réponses sont évidemment contraires à la vérité; je vous exhorte à ne point la déguiser davantage.

R. Je n'ai dit que la vérité.

D. Vos mains sont noires et sentent la poudre; comment expliquez-vous cette circonstance?

R. Je travaille de la laine noire; de là probablement la couleur de mes mains: quant à l'odeur de poudre qu'elles exhalent, cela provient sans doute du paquet que j'ai trouvé, qui contenait des cartouches.

D. Avez-vous déjà été arrêté ou repris de justice?

R. Lors des affaires d'avril, j'ai été arrêté et retenu deux jours seulement à la Préfecture de police.

Sur quoi, attendu que des déclarations qui précèdent, comme de l'interrogatoire qui y fait suite, il résulte que ledit *Godard* a été trouvé nanti d'armes dans une circonstance qui donne lieu de penser qu'il a fait partie des insurgés qui ont fait feu sur la garde nationale et sur la troupe,

Nous, commissaire de police précité, disons qu'il sera de suite conduit à la Préfecture de police, pour, à son égard, être pris tel parti que de droit.

2e interrogatoire subi par *Godard*, le 13 mai 1839, devant M. Boulloche, Juge d'instruction.

D. Comment vous êtes-vous procuré le pistolet à pierre, la poire à poudre, le moule à balles et l'espèce de poignard dont vous étiez porteur au moment de votre arrestation, ainsi que les cartouches?

R. Hier, vers neuf heures du soir, j'ai trouvé tous ces objets enveloppés dans un morceau de calicot; j'étais alors sur un boulevard que je crois être le boulevard Saint-Denis.

D. Vous avez été arrêté, entre dix et onze heures du soir, dans la rue Saint-Martin, lorsque vous paraissiez vous opposer à ce que la force armée conduisît au poste les prisonniers qu'elle venait de faire?

R. Je ne me suis point opposé du tout à ce qu'on emmenât les personnes arrêtées. J'ai eu en rencontre un capitaine de la ligne, qui m'a dit brusquement de me retirer; c'est ce que je faisais lorsqu'on m'a arrêté.

D. Vous avez fait usage des pistolet, balles, poudre et cartouches dont vous étiez porteur; les traces de poudre qui ont été remarquées autour de votre bouche prouvent que vous avez déchiré des cartouches?

R. Je me servais pour mouchoir du morceau de calicot, qui a été placé dans ma poche dessous le paquet qui renfermait les balles et cartouches; il est possible que ce soit ce morceau de calicot qui m'ait noirci la figure.

D. Vous ne dites pas la vérité, en prétendant avoir trouvé ces armes et ces munitions; vous vous êtes muni de l'un et de l'autre dans l'intention d'en faire usage?

R. J'ai ramassé ce paquet, je l'ai mis dans ma poche sans l'ouvrir; je ne savais même pas ce qu'il contenait.

D. Non-seulement vous avez déchiré des cartouches et votre bouche était noircie par la poudre, vos mains l'étaient aussi; ce qui prouve que vous avez tiré plusieurs coups.

R. Mes mains n'étaient pas noircies par la poudre, mais par la laine noire que j'emploie dans mon travail.

D. Vous êtes inculpé d'attentat contre la sûreté de l'État.

R. Je n'avais aucune mauvaise intention.

D. N'avez-vous pas été excité, par dons ou promesses, à faire partie des rassemblements dans lesquels vous avez été trouvé, et à vous rendre coupable des faits qui vous sont imputés?

R. Je vis de mon travail, et jamais aucune promesse ne me déterminerait à m'abaisser au point de commettre une mauvaise action.

D. Quelles personnes avez-vous fréquentées dans toute la journée d'hier?

R. J'ai travaillé jusqu'à midi chez le sieur *Bruant*, fabricant de bas, rue Moreau, n° 11; je suis ensuite allé à l'hospice de la Pitié, voir une nommée *Marie*, salle Sainte-Geneviève, n° 11; je l'ai quittée à dix heures un quart; je suis revenu chez moi vers cinq heures; je suis sorti, je suis allé me promener sur les boulevards; c'est ce que j'ai fait jusqu'au moment de mon arrestation.

D. Vous vous êtes promené au milieu de tous les rassemblements et en prenant une part active aux troubles qui ont eu lieu.

R. Partout où je me suis trouvé il y avait beaucoup de monde; j'étais curieux de savoir ce qui était arrivé.

D. Avez-vous déjà été repris de justice?

R. J'ai été arrêté pendant deux jours, à l'occasion des troubles d'avril.

3e interrogatoire subi par *Godard*, le 7 juin 1839, devant M. Boulloche, Juge d'instruction délégué.

D. Persistez-vous dans les réponses consignées dans votre interrogatoire du 13 mai dernier?

R. Non, Monsieur, parce que je n'ai pas dit ce qui était.

Le pistolet, les munitions qui ont été trouvés en ma possession m'appartenaient; j'avais pris le tout chez moi, et je n'avais pas dit la vérité lorsque j'ai déclaré avoir trouvé cette arme et les munitions sur le boulevard.

D. Dans quel but aviez-vous à votre domicile un pistolet, des balles, de la poudre, des moules à balles et des cartouches? et pourquoi étiez-vous porteur de votre pistolet chargé et amorcé, d'un poignard et d'une assez grande quantité de munitions?

R. J'ai un pistolet pour ma défense personnelle; je le porte quelquefois lorsque je sais que je dois rentrer tard. Lors des dernières émeutes des portes Saint-Martin et Saint-Denis, j'ai été maltraité par les agents de la force publique. Le 12 mai, lorsque j'ai vu que je pourrais encore être exposé à de pareils désagréments, j'ai pris mon pistolet avec intention de casser la tête du premier individu qui viendrait me maltraiter.

D. Si vous n'aviez ce pistolet que pour vous défendre des mauvais traitements que vous redoutiez, quelle nécessité y avait-il pour vous d'avoir, indépendamment d'un pistolet chargé, un poignard, des cartouches de calibre de fusil, des balles de divers calibres, et un moule à balles?

R. Tous ces objets étaient enfermés dans le même paquet, et j'avais pris le tout ensemble.

D. Comment vous étiez-vous procuré le pistolet, le poignard, les cartouches et autres munitions?

R. J'ai les cartouches depuis juillet 1830; j'ai acheté le poignard, le pistolet et les moules à balles en 1832, sur le quai aux Fleurs; je ne connais pas le marchand.

D. Votre réponse est peu satisfaisante. Il est évident que vous n'aviez ces armes que pour vous en servir dans l'insurrection, et que vos cartouches étaient destinées soit à votre usage, soit à être distribuées aux insurgés.

R. Si j'avais eu l'intention de m'en servir dans l'insurrection, je ne vous le cacherais pas plus que je ne vous ai caché la ferme résolution que j'avais de me défendre si j'étais attaqué.

D. Faites donc connaître quel a été l'emploi de votre temps depuis votre départ de chez votre maître jusqu'à onze heures et demie du soir, heure de votre arrestation?

R. J'ai travaillé jusqu'à midi; j'ai passé deux heures à l'hospice de la Pitié, près d'une nommée *Marie*; je suis rentré chez moi; je n'en suis ressorti qu'à cinq heures et demie; et, à partir de ce moment jusqu'à mon arrestation, je me suis promené sur les boulevards; j'ai été du côté de l'Hôtel-de-Ville, et je revenais chez moi par la rue Saint-Martin.

D. Ce n'est pas à cinq heures et demie que vous avez quitté votre domicile, mais bien à trois heures ou quatre heures au plus tard.

R. Je persiste à dire que je suis sorti de chez moi à cinq heures, cinq heures et demie.

D. Saviez-vous, en sortant de chez vous, que des désordres avaient éclaté, et que déjà plusieurs coups de fusil avaient été tirés?

R. Oui, Monsieur; j'avais entendu les coups de fusil de chez moi.

D. N'étiez-vous pas averti que cette insurrection devait avoir lieu?

R. Non, Monsieur.

D. Pourquoi, lorsque vous vous trouviez dans la rue Saint-Martin, vous êtes-vous placé d'un air menaçant près de l'escorte qui conduisait les prisonniers? N'était-ce pas dans le but d'exciter vos camarades à les délivrer?

R. Un aide de camp à cheval, s'étant approché du capitaine qui commandait l'escorte, avait barré le passage : j'ai été obligé de m'arrêter; aussitôt son départ, le capitaine commandant l'escorte m'a dit brutalement de me retirer : je lui ai répondu à deux reprises que j'allais chez moi; malgré ce ton, qui n'avait rien de menaçant, il m'a fait arrêter.

D. Si, comme vous le prétendez, vous n'aviez pas pris une part active à l'insurrection, comment expliquez-vous les traces de poudre très-apparentes qui ont été remarquées autour de votre bouche? Il a paru à toutes les personnes qui ont été témoins de votre arrestation que ces traînées de poudre avaient été produites par des cartouches que vous aviez déchirées; vos mains étaient également très-noircies par la poudre.

R. Je pense que je n'ai été ainsi noirci à la figure que par le morceau de calicot dont je me suis servi pour mouchoir de poche.

D. S'il en était ainsi, ce morceau de calicot vous aurait noirci le nez, et non les lèvres?

R. Il m'aura noirci en m'essuyant la bouche.

D. Reconnaissez-vous, pour vous appartenir, cette pièce de vers, ayant pour titre : *Louis Bonaparte,* et commençant par ces mots : *Toi qui naquis au soleil de l'empire,* et finissant par ceux-ci : *Ne veut s'unir qu'avec la liberté?*

R. Oui, Monsieur, je reconnais cette pièce de vers; elle m'a été donnée, il y a trois ou quatre mois, je ne veux pas dire par qui : je consens à la signer et parapher avec vous.

J'ajoute : des questions qui me seront personnelles, tant que vous voudrez, je répondrai à toutes; celles qui concerneraient d'autres individus que moi, je ne répondrai à aucune.

D. Reconnaissez-vous ce petit papier, écrit au crayon, commençant par ces mots : *Pourquoi donc notre royauté arme aujourd'hui sa valetaille?* et finissant par ceux-ci : *Les Français, unis d'amour, n'auront plus besoin de police, 5 avril ?*

R. Oui, Monsieur; c'est moi qui l'ai écrit.

D. Est-ce vous qui l'avez composé?

R. Non, Monsieur.

D. Comment vous l'êtes-vous pro curé

R. On me l'a donné; et je ne dirai pas qui.

D. Depuis combien de temps est-il en votre possession?

R. Je l'ai depuis le 5 ou le 6 avril.

(Ici nous donnons lecture à l'inculpé de cet écrit, et nous lui faisons remarquer qu'il témoigne hautement de son mauvais esprit et des projets de révolte et d'insurrection qu'il avait formés avec ses complices.)

R. Je n'ai pas de complices. Si on regarde comme projet de révolte l'intention qu'on a de se défendre quand on est attaqué, dans ce cas-là j'avais des projets de révolte. Je consens à signer et parapher cet écrit avec vous.

D. Des écrits comme ceux trouvés en votre possession prouvent évidemment que vous aviez appartenu à des sociétés secrètes, qui avaient arrêté de tenter une nouvelle insurrection. Les armes trouvées sur vous, celles saisies à votre domicile, l'état dans lequel vous étiez lors de votre arrestation, les traces de poudre remarquées aux deux coins de votre bouche et sur vos mains, tout prouve que vous avez pris une part active à la révolte.

R. J'étais effectivement chef de section en avril 1834; depuis cette époque, je n'ai plus fait partie d'aucune société.

D. N'avez-vous pas été, en 1834, inculpé d'être un des insurgés qui ont tué M. *Baillot?*

R. Ce n'est pas moi qui ai été poursuivi pour ce fait; j'ai bien été arrêté lors des troubles d'avril, je n'ai été privé de ma liberté que pendant deux ou trois jours.

(Ici, nous représentons à l'inculpé le morceau de calicot dont il a parlé, et nous lui faisons remarquer :

1° Qu'il n'est point assez sali par la poudre pour lui avoir noirci la bouche et les mains;

2° Que, d'une autre part, il ne porte aucune trace annonçant qu'il s'en soit servi comme mouchoir de poche.)

R. De la poudre était répandue dans ma poche, quelques grains se seront sans doute attachés au morceau de calicot dont je me suis servi pour m'essuyer la figure.

INTERROGATOIRES DE PATISSIER.

PATISSIER (Joseph), *âgé de 22 ans, frotteur, né à Avranche (Savoie), demeurant à Paris, rue Vieille-du-Temple, n° 26.*

1er interrogatoire subi, le 13 mai 1839, devant M. Loyeux, commissaire de police.

L'an mil huit cent trente-neuf, le treize mai, à deux heures du matin,

Nous, *Charles-Léonore Loyeux,* commissaire de police, quartier marché Saint-Jean,

Avons interrogé comme suit l'individu arrêté dans son logement, comme détenteur d'armes :

D. Quels sont vos nom, prénoms, âge, profession, etc.?

R. Pierre-Joseph Patissier, âgé de 22 ans, frotteur, né à Avranche (Savoie), demeurant rue Vieille-du-Temple, n° 26.

D. D'où proviennent les armes, la poudre et les capsules trouvées sur vous?

R. J'ai acheté le pistolet il y a cinq ou six mois, et il est resté chez moi; je ne m'en suis jamais servi. Je l'avais chargé parce que je craignais qu'un nommé *Saint-Aurent* ne vînt chez moi m'attaquer.

Ce soir, j'étais allé conduire un camarade au café rue Saint-Méry, au coin de la rue Saint-Martin; nous étions plusieurs, et la curiosité nous fit aller jusque dans la rue Saint-Martin : arrivés en face la rue Maubuée, dans la rue Saint-Martin, nous fûmes rejoints par cinq ou six individus armés de fusils. Un d'eux est passé derrière moi, et m'a dit: «*Jeune homme, voulez-vous prendre ma place?*» Malgré ma réponse négative, il me prit par le bras et me força, en me menaçant, de prendre le fusil qui a été trouvé chez moi. Il me donna des cartouches toutes défaites. Le fusil était dans l'état où il a été retrouvé, à l'exception cependant qu'en rentrant chez moi, j'ai ôté les deux capsules.

D. Que sont devenus vos camarades? ont-ils été forcés comme vous de s'armer?

R. Je n'étais pas avec des camarades, mais seulement avec des curieux comme moi, et je n'ai pas remarqué ce qu'ils étaient devenus.

D. Une fois armé, qu'avez-vous fait?

R. Je me suis caché après avoir fait un demi-tour, et je suis revenu en courant par la rue Simon-le-Franc, et je suis rentré chez moi vers neuf heures.

D. A quelle heure étiez-vous sorti de chez vous pour conduire votre camarade?

R. A la tombée de la nuit.

D. Après que remise vous a été faite du fusil, n'en avez-vous pas fait usage pour tirer sur la troupe, rue Saint Martin?

R. Non, Monsieur; l'approche d'une patrouille a mis le rassemblement en fuite, et j'en ai profité pour m'échapper, dans l'espoir de m'approprier le fusil.

D. Pour quel motif aviez-vous caché le fusil sous votre paillasse?

R. C'est quand j'ai entendu entrer chez moi, de crainte qu'on ne me le volât; et je ne savais pour quel motif la police se présentait chez moi.

D. Il a été trouvé chez vous plusieurs morceaux de sucre: pouvez-vous expliquer pourquoi ces morceaux sont de diverses qualités? Il n'est pas dans les habitudes d'un ouvrier d'acheter autant de sucre sans nécessité; ne l'avez-vous pas volé?

R. Je l'ai acheté lorsque je demeurais rue du Faubourg-Poissonnière, et ensuite dans ce quartier. Je voulais varier les qualités, pour me guérir d'une chaude-p.....

D. Comment étaient vêtus les individus faisant partie du rassemblement armé de la rue Saint-Martin?

R. Les uns en blouse, d'autres en bourgeron: c'étaient des ouvriers pas trop bien mis et tous jeunes. Ils n'ont proféré aucun mot. Ils ont souffleté celui qui m'a remis le fusil, parce qu'il voulait les quitter. En rentrant, et passant rue Beaubourg, j'ai trouvé un rassemblement, que j'ai évité en courant, et d'où partaient les cris : *A bas Louis-Philippe*, et d'autres cris que je n'ai pas pu bien entendre.

D. N'avez-vous jamais été arrêté? avez-vous des papiers?

R. Jamais je n'ai été arrêté; mes papiers sont chez mon oncle, M. *Alexis Patissier,* rue Beauregard, n° 29.

2e interrogatoire subi par *Patissier,* le 13 mai 1839, devant M. Geoffroy-Château, Juge d'instruction.

D. Vous êtes inculpé d'avoir commis un attentat contre la sûreté de l'État, en prenant part aux troubles qui ont eu lieu hier soir?

R. Il était neuf heures du soir lorsque, après avoir conduit *Henri Reignier,* mon ami, chez lui, rue Saint-Méry, au coin de la rue Saint-Martin, j'entendis des cris : *Aux armes!* La curiosité me porta à aller voir ce dont il s'agissait, et je fus aussitôt entouré, au coin de la rue Maubuée, par cinq ou six individus armés, qui me forcèrent à prendre un fusil et des cartouches : je restai avec eux cinq minutes environ, et je les quittai lorsque je vis arriver une patrouille; je rentrai aussitôt chez moi et me couchai Je vous ferai observer qu'en rentrant chez moi, je dis au portier qu'on m'avait donné un fusil, et que mon intention était d'en faire mon profit.

D. On a trouvé en outre, chez vous, un pistolet chargé; d'où provient-il?

R. Je l'ai acheté à un revendeur, sur le boulevard des Filles-du-Calvaire, il y a environ six mois, et je l'avais chargé avec de la poudre et du plomb que m'avait donné un jeune homme qui demeurait sur mon carré, dont j'ignore le nom, rue du Faubourg-Poissonnière, n° 13; j'étais malade, et j'avais ce pistolet dans l'intention de me tuer, si le mal que j'avais empirait. Hier soir, en rentrant, j'ai mis par enfantillage, dans mon pistolet, une des balles que m'avaient remises les insurgés.

D. D'où provient le sucre trouvé chez vous?

R. Je l'ai acheté chez un épicier, rue du Temple, n° 9.

D. N'avez-vous pas brisé un réverbère, rue Saint-Martin, vers neuf heures et demie du soir?

R. Passant dans cette rue, j'ai vu par terre un réverbère, et je l'ai seulement dérangé, pour que personne ne se blessât en passant. J'affirme, du reste, que je n'ai point cassé de réverbère, et que je n'ai pris aucune part à l'insurrection.

Jamais arrêté.

3e interrogatoire subi par *Patissier*, le 17 juillet 1 39, devant M. Perrot, Juge d'instruction délégué.

D. Persistez-vous dans votre précédent interrogatoire?

R. Oui.

D. Ne vous surnomme-t-on pas *la Cravache?*

R. Oui.

D. Vous reconnaissez qu'au moment de votre arrestation, le dimanche 12 mai, on a trouvé dans votre chambre et saisi un fusil à deux coups et à piston, de la poudre, des balles, des capsules et un pistolet?

R. Oui.

D. Il a été reconnu que le pistolet avait une forte charge?

R. Je ne pense pas.

D. Vous reconnaissez que c'est vous qui l'aviez chargé?

R. Oui.

D. A quel moment?

R. Il y avait à peu près six mois qu'il était chargé quand j'ai été arrêté.

D. Mais vous avez dit y avoir mis une des balles que vous aviez rapportées dans la soirée du dimanche 12 mai?

R. C'est vrai; j'avais essayé d'y glisser une de ces balles, mais elle était restée à l'entrée.

D. Pour quel motif y mettiez-vous cette balle?

R. C'était pour m'amuser; je n'avais aucune intention.

D. Mais le fusil était chargé des deux côtés, et même, dans un des canons, il y avait une double charge?

R. C'est ce que je ne pourrais pas vous dire; je ne savais ce qu'il y avait dedans; je ne l'avais eu que peu de temps avant de rentrer chez moi.

D. Ce qui prouve que vous saviez qu'il était chargé, c'est que vous en aviez ôté les deux capsules, et que vous avez dit que vous n'aviez pas envie qu'il vous fît sauter dans votre lit?

R. C'est vrai; dans le doute et par prudence, j'ai mieux aimé ôter les capsules.

D. La preuve que vous saviez qu'il était chargé, c'est que vous vous en étiez servi: au moment de votre arrestation, vos mains avaient encore la couleur et l'odeur très-prononcées de la poudre?

R. C'est vrai, seulement pour la main droite; et cela tenait à ce que l'individu qui m'avait donné ce fusil m'avait en même temps mis dans la main la poudre, les balles et les capsules qui m'ont été trouvées également, lesquelles j'avais mises dans la poche droite de mon pantalon, d'où je les avais retirées dans ma chambre.

D. Il paraît que vous aviez aussi les lèvres noires, et que lorsqu'on vous conduisait à la mairie du 7e arrondissement, vous essuyiez vos mains sur votre pantalon, et que vous vous essuyiez aussi les lèvres?

R. Non; la chose m'était impossible, d'après la manière dont j'étais tenu par les gardes nationaux.

D. Mais en rentrant, vous avez dit vous-même que vous aviez tiré trois ou quatre coups avec ce fusil, soit dans la rue Saint-Martin, soit dans la rue Saint-Denis?

R. Je n'ai pas dit cela; il est impossible que je l'aie dit, car il est faux que j'aie tiré.

D. Vous avez dit aussi au nommé *Lamarée,* votre voisin de chambre, que vous vous étiez battu?

R. Je n'ai rien dit de cela.

D. *Lamarée* ajoute que sur ce qu'il vous fit observer que vous vous exposiez à faire des victimes, et que cela faisait du mal au commerce, vous répondîtes : *Bah! mon commerce ne va pas, peut-être ira-t-il mieux après?*

R. Ni lui, ni moi, n'avons tenu un semblable langage; il m'a seulement demandé si je savais pourquoi on se battait, et je lui ai répondu que non.

D. Il paraît que vous étiez fatigué, et que vous lui avez demandé une tasse d'eau pour vous rafraîchir?

R. Non; j'avais l'habitude de boire tous les soirs un verre d'eau sucrée, et voilà pourquoi je lui ai demandé de l'eau.

D. La preuve que vous aviez fait un mauvais usage du fusil, c'est que vous l'aviez caché sous votre paillasse, et que vous avez dit à ceux qui sont venus pour vous arrêter que vous n'aviez pas de fusil?

R. Je n'ai pas dit cela : c'est moi-même qui leur ai remis le fusil; et si je l'avais caché, c'est qu'ayant vu venir les gardes nationaux, cela m'a ouvert les yeux, et que j'ai eu peur d'être compromis. Quand ils sont arrivés, le fusil était accroché près du pistolet, et, dans mon trouble, je l'ai ôté bien vîte et l'ai mis sous mon matelas.

D. On a trouvé près de la poudre, des balles et des capsules qui étaient dans votre chambre, un cornet de petits clous; n'en étiez-vous pas muni pour en charger au besoin votre fusil?

R. Non; il y avait très-longtemps que j'avais cette ferraille : cela nous sert quelquefois comme frotteur.

D. La preuve que vous êtes allé vous mêler bénévolement à l'insurrection, c'est que, rentrant dans votre chambre pour la première fois, vous avez dit : *Je vais mettre ma blouse pour aller voir la bataille?*

R. Non, c'est faux; j'étais encore en ce moment avec mon camarade *Henry Reiller,* et nous revenions ensemble de la barrière.

D. Pourquoi avez-vous mis votre blouse et êtes-vous ressorti?

R. Pour conduire mon camarade rue Saint-Méry.

D. Reiller déclare qu'il vous engageait à rentrer chez vous, et que vous ne l'avez pas voulu?

R. Non; il m'a même engagé à le conduire, ne voulant pas s'en aller seul.

D. Vous avez dit être revenu de la barrière vers neuf heures du soir?

R. Je ne sais pas au juste; il pouvait être huit heures et demie.

D. Il paraît qu'il n'était que sept heures et demie quand vous êtes venu mettre votre blouse?

R. Je ne pourrais pas vous dire au juste, parce que je n'ai pas regardé ma montre dans ce moment-là.

D. Cependant il était neuf heures et demie quand vous êtes revenu à votre domicile avec le fusil et les munitions; preuve que vous n'aviez pas fait qu'aller conduire votre camarade?

R. Nous sommes restés environ une demi-heure chez moi; ensuite nous sommes allés tout droit au logement de *Reiller.* Il venait d'y monter, et j'étais encore au coin de la rue, lorsque j'entendis crier au secours, rue Saint-Martin, du côté de la rue Maubuée. J'y allai avec d'autres personnes qui se trouvaient là, et nous vîmes que c'était un jeune homme que des insurgés frappaient pour le forcer d'aller avec eux. Ils cessèrent à notre approche; mais, comme je me trouvais sur le côté, l'un d'eux vint à moi, et, me présentant le fusil à deux coups, me dit : *Veux-tu prendre ma place?* Je ne le voulais pas. Un autre grand vint par derrière, et me donna un soufflet; et ils me menacèrent de me faire un mauvais parti, si je ne les suivais pas. Je le pris alors, et ce même individu qui me le présentait me donna la poudre, les balles et les capsules. Alors j'eus l'air de faire comme eux, et je me mis en faction dans la rue Saint-Martin, tandis qu'ils étaient dans la rue Maubuée, guettant la première occasion de m'esquiver : elle s'offrit bientôt. Je vis venir une patrouille du haut de la rue Saint-Martin; les insurgés qui la virent aussi se cachèrent, et moi je filai le long des maisons, tenant le fusil du côté du mur, jusqu'à la rue Saint-Méry, et de là je regagnai bien vite ma demeure. Je n'ai pas entendu tirer de coups de fusil dans la rue Saint-Martin;

je n'en ai entendu que lorsque je fus rue Sainte-Avoye, et le bruit paraissait venir du côté du Temple.

D. Vous avez dit que c'était un de vos camarades qui, las de se battre, vous avait donné le fusil et les munitions; quel est ce camarade?

R. Je n'ai pas dit que ce fût un de mes camarades; je n'ai reconnu aucun des insurgés.

D. N'avez-vous pas cassé un réverbère dans la rue Saint-Martin?

R. Non; c'est en arrivant près de la rue Maubuée que je me suis heurté contre un réverbère cassé, au milieu de la rue Saint-Martin. Je l'ai pris, et je l'ai mis dans le coin d'une porte cochère pour qu'on ne se heurtât pas dedans. J'ajoute que la preuve que je ne voulais rien cacher, c'est que c'est moi qui ai fait connaître cette circonstance.

D. Vous n'étiez pas dans une position heureuse, et, en prenant part à la révolte, vous avez pu céder aux inspirations de la misère?

R. Je n'ai pas pris part aux émeutes; j'avais même emmené mon camarade à la barrière pour ne pas nous y trouver. J'ai pris le fusil et l'ai emporté, en me demandant si je devais le garder ou le porter au commissaire.

D. Vous vous étiez mal conduit quand vous étiez chez votre oncle, et il vous a congédié au mois d'octobre dernier?

R. C'est moi qui ai voulu m'en aller, parce que je n'y gagnais rien; ce n'est qu'après que j'ai été sorti de chez lui que j'ai fait connaissance d'une femme.

D. Il paraît que, depuis que vous demeuriez rue Vieille-du-Temple, vous n'aviez presque pas de travail?

R. Je gagnais environ 36 à 40 fr. par mois; de plus, je gagnais 5 fr. par semaine à donner des cachets dans un bal, rue Montorgueil.

D. Vous étiez dans une telle détresse, qu'un jour vous avez emprunté six sous au nommé *Lamarée,* disant que vous n'aviez pas de quoi déjeuner, et que vous avez été longtemps à les lui rendre.

R. C'est vrai : c'est parce qu'on ne nous payait qu'au mois chez nos pratiques, que j'ai éprouvé un moment de besoin.

D. Vous avez dit que vous aviez l'habitude de prendre de l'eau sucrée le soir; et en effet, on a trouvé chez vous une certaine quantité de sucre?

R. J'en avais l'habitude sans l'avoir; j'avais épuisé tous les remèdes pour le mal vénérien dont j'étais infecté; on m'a dit que le sirop était bon pour cette maladie, et voilà pourquoi j'ai acheté du sucre: le reste me servait pour mes repas.

D. Vous avez dit l'avoir acheté chez l'épicier, rue Vieille-du-Temple, n° 9, et il dit que ce sucre ne vient pas de chez lui?

R. Je ne sais pas s'il me reconnaîtrait, mais je l'ai acheté chez lui, pas tout; j'en avais aussi acheté rue du Faubourg-Poissonnière.

D. Vous avez dit dans la maison où vous demeuriez que ce sucre vous venait d'une raffinerie où travaillait une de vos connaissances; et, en effet, dans l'état de gêne où vous étiez, il n'est pas croyable que vous ayez acheté une si grande quantité de sucre?

R. Je n'avais pas d'ami qui travaillât dans une raffinerie : je l'ai dit aux voisins par plaisanterie.

D. Vous leur disiez aussi que vous alliez quelquefois travailler vous-même sans salaire dans cette raffinerie, et que le maître vous disait d'emporter un peu de sucre.

R. Je ne sais pas comment j'ai pu dire cela, car jamais je n'ai travaillé dans une raffinerie.

D. Il est à remarquer que les divers fragments de sucre trouvés à votre domicile sont presque tous des têtes de pains de sucre: vous ne pouvez en faire connaître l'origine; évidemment c'est du sucre volé?

R. C'est comme je vous le dis.

D. Je vous engage à ne pas joindre le mensonge au délit?

R. Je vais vous dire la vérité. J'espère que vous aurez compassion de moi. Je connaissais un nommé *Louis,* qui était garçon de peine chez le sieur *Houest,* marchand de sucre en gros, au coin de la rue de la Verrerie et de la rue du Cloître-Saint-Méry. Depuis que j'étais sorti de chez mon oncle, j'allais quelquefois l'aider sans rétribution, et il me donnait de temps en temps un morceau de sucre; j'en ai pris aussi moi-même quelques morceaux, que je regardais comme une petite indemnité de ma peine. Un jour, le bourgeois m'a donné trente sous pour boire (c'est le successeur de M. *Houest*), et depuis je n'ai pas retouché à un seul morceau de sucre. Le nommé *Louis* est parti pour l'armée, à ce que je pense; son successeur m'a mené à la raffinerie; mais il ne m'a rien donné, et je n'ai rien pris.

D. Quels sont les individus qui venaient coucher avec vous?

R. Il n'en est venu qu'un : c'est un nommé *Saint-Aurent,* dont j'ignore la demeure, et que je ne connaissais que pour l'avoir vu deux ou trois fois.

D. Il paraît que vous l'avez laissé coucher une nuit sur le carré; qu'il a dit dans la maison qu'il se vengerait, et que vous aviez dit que s'il vous faisait du mal, vous feriez connaître les tours qu'il avait faits ?

R. Je ne sais rien sur son compte ; j'ai dit cela parce que j'étais blessé de ses menaces.

D. Puisque vous avez mis de la franchise quant au sucre, je vous engage à en mettre aussi en ce qui concerne le fait d'insurrection qui vous est imputé?

R, Je vous ai dit la chose telle qu'elle est; je n'ai cherché aucun détour : je n'ai pas tiré un seul coup, et j'aurais bien jeté le fusil, si j'avais pu prévoir les conséquences. J'ajoute, en ce qui concerne le pistolet, qu'il n'est pas vrai que ce soit un jeune homme de la maison rue du Faubourg-Poissonnière qui m'ait donné la poudre et le plomb pour le charger. C'est en faisant un déménagement que je trouvai sur un escalier du second un petit paquet qui contenait la poudre et le plomb dont j'ai chargé ce pistolet. Mon intention était réellement de me détruire, parce que j'avais le mal vénérien, et que d'un autre côté j'avais beaucoup de chagrin d'être fâché avec mon oncle; heureusement que j'ai été détourné de ce projet par de bons conseils.

D. Pourquoi avez-vous dit que c'était un jeune homme de la maison rue du Faubourg-Poissonnière qui vous avait donné cette poudre et ce plomb?

R. Je ne sais pas pourquoi je l'ai dit.

D. Vous avez dû avoir un motif pour dire cela?

R. Comme j'étais certain qu'on ne trouverait pas ce jeune homme, qui n'existait pas, je pensais que cela me débarrasserait.

INTERROGATOIRES DE GÉRARD.

GÉRARD (Stanislas-Benjamin), *âgé de 33 ans, vernisseur sur cuirs, né à Persan (Seine-et-Oise), demeurant à Paris, barrière de Montreuil, n° 14.*

1er interrogatoire subi, le 15 mai 1839, devant M. Bertrand, commissaire de police.

L'an mil huit cent trente-neuf, le mercredi quinze mai, dix heures environ du soir,

Nous, *Wilfrid Bertrand,* commissaire de police de Charonne, arrondissement de Saint-Denis, département de la Seine,

Procédant par suite de la procédure par nous commencée, et des déclarations ci-jointes des sieurs *Carré, Renard* et *Maillot* contre le nommé *Gérard* (*Benjamin-Stanislas*), qui se serait vanté d'avoir pris une part active dans les événements qui viennent de se passer à Paris, de s'être battu avec intrépidité, d'avoir tiré des coups de fusil sur la troupe, et d'avoir tué un garde municipal et un soldat de la ligne, nous sommes transporté dans le cabaret de la maison, boulevard et commune de Charonne, tenu par les époux....;

Et y étant, et y ayant rencontré le nommé *Gérard,* nous l'avons arrêté et nous l'avons interrogé sur les faits qui lui sont reprochés, ainsi qu'il suit :

D. Quels sont vos nom, prénoms, âge, lieu de naissance, profession et demeure?

R. Je me nomme *Gérard* (*Benjamin-Stanislas*), né à Persan (Seine-et-Oise), âgé de trente-trois ans, célibataire ; je suis ouvrier vernisseur; je travaille commune et boulevard Charonne chez M. *Gronier,* n° 12, c'est-à-dire j'en suis sorti d'hier par suite d'une discussion avec sa dame et avec son chef ouvrier, et je demeure même boulevard, maison n° 14, dans mes meubles.

D. Vous avez été arrêté par suite de propos que vous avez tenus à plusieurs personnes, parmi lesquels vous avez dit entre autres que vous aviez pris une part active dans les affaires qui viennent de se passer dans la Capitale; que vous vous étiez battu avec intrépidité; qu'en tirant des coups de fusil sur la troupe, vous aviez tué un garde municipal et un soldat de la ligne. Dites-nous par quelle circonstance vous vous trouviez au nombre des combattants ou assaillants avec qui vous étiez; qui vous avait donné des ordres et quel était votre but si vous aviez été vainqueurs?

R. Voici, M. le commissaire, comme la chose s'est passée. Dimanche dernier, 12 du courant, après la paye, je sortis de mon domicile; il pouvait être quatre heures de l'après-midi, pour aller chez ma mère rue Grenétat, n° 32, pour changer de linge. Arrivé dans la rue Grenétat et étant avec le sieur *Marchand* qui travaille également chez le sieur *Gronier,* et qui avait avec lui son neveu, âgé de 18 à 19 ans environ, nous entrâmes chez un marchand de vin qui demeure en face ma mère, nous prîmes un verre de vin ensemble; je leur dis de m'attendre cinq minutes, et lorsque je revins pour le prendre, la porte de ce marchand de vin était fermée et je me trouvai à la porte. A ce moment arriva une troupe de soixante individus environ, dont la moitié étaient armés, vêtus pour la plupart en blouse et coiffés de casquettes, qui m'accostèrent, me forcèrent à prendre le fusil qui est dans votre bureau, et que je reconnais bien pour être le même que celui qu'ils me donnèrent; ils m'emmenèrent d'autorité avec eux et nous nous mîmes en bataille rue Saint-Denis devant la barricade où ils me forcèrent de faire feu avec eux, ayant pris soin de me donner deux cartouches; et nous tirâmes sur les gardes municipaux et la troupe de ligne, qui venaient du côté du marché des Innocents; nous tuâmes deux militaires, savoir : un garde municipal et un soldat de la ligne. Effrayé d'une chose semblable, je voulus fuir, mais il me retinrent de nouveau et me conduisirent à la place Saint-Eustache où ils renversèrent un char-à-banc et un fiacre et firent une barricade, après quoi je me sauvai du côté du marché à la viande.

Et attendu l'heure avancée qu'il se fait dans la nuit, nous avons conduit le nommé *Gérard* au poste de la barrière du Trône pour y passer la nuit, afin d'avoir la facilité d'entendre les témoins et de continuer le lendemain notre interrogatoire, et nous avons signé,

Le commissaire de police,
Signé BERTRAND.

Et le lendemain 16 mai courant, au matin, après avoir fait extraire ledit *Gérard* du poste dont s'agit, nous avons continué notre interrogatoire et interpellé celui-là sur les faits qui lui sont reprochés, ainsi qu'il suit :

D. Pourriez-vous nous dire quels étaient les individus qui vous commandaient, quels étaient vos ordres, si vous aviez un mot de ralliement, pour quelle opinion vous vous battiez, et quel était votre but si vous aviez été vainqueurs ?

R. Nous nous battions, c'est-à-dire eux, pour la République ; voilà tout ce que je puis dire. Quant au mot d'ordre ou de ralliement, c'était le mot *citoyen ;* et celui qui paraissait être le chef et nous commander était un individu que nous nommions chasseur d'Afrique, mais qui je crois a été tué à la pointe Saint-Eustache.

D. Donnez-nous les demeures et noms de ceux de ces individus qui étaient de votre connaissance.

R. Je connaissais quatre de ces individus de vue et pour m'être rencontré avec eux soit dans les cabarets, soit dans les maisons où nous avons travaillé ensemble ; mais je ne connais aucunement leurs noms, ni leurs adresses. J'en ai remarqué particulièrement un, grand de taille, fluet, âgé de 22 à 23 ans environ, vêtu d'une blouse bleue, d'un pantalon, je ne puis trop dire la couleur, et coiffé d'une casquette dont j'ignore également la couleur ; mais je crois qu'ils ont été tués, car lorsque nous sommes arrivés à la pointe Saint-Eustache, je ne les ai plus revus, à moins toutefois qu'ils ne se soient dirigés sur un autre point ; du reste, je les reconnaîtrais bien s'ils m'étaient représentés.

D. Puisque vous annoncez avoir quitté les insurgés après avoir fait feu avec eux pour défendre deux barricades, et avoir tué deux militaires, pourquoi, au lieu d'emporter le fusil dont les insurgés vous avaient armé, n'avez-vous pas déposé celui-ci de suite à l'autorité et avez-vous conservé ce fusil sur vous, exposé à tous les dangers, à être arrêté à chaque pas, et l'avez-vous caché ? Tout fait présumer que vous aviez l'intention de vous en servir de nouveau, puisque vous avez été le réclamer au sieur *Renard,* en lui exposant que vous faisiez partie de la garde nationale, tandis que vous n'en faites pas partie ; vous lui avez en conséquence avancé un mensonge pour tâcher de ravoir ce fusil ; vous avez de plus engagé le fils *Maillot*, fruitier, à aller demander ce fusil au sieur *Renard,* et vous lui aviez recommandé de cacher ce fusil chez lui. Toutes ces manœuvres n'annoncent pas que vous n'aviez pas l'intention de vous servir de ce fusil de nouveau; qu'avez-vous à dire à cela?

R. Tous ces faits sont vrais; j'avais fait demander et réclamé ce fusil au sieur *Renard,* parce que je l'avais bien gagné, ayant exposé ma vie pour l'avoir, et je l'aurais gardé pour ma défense, s'il m'avait été rendu.

D. Comment se fait-il que vos camarades les insurgés vous aient donné un fusil de munition appartenant à une légion de garde nationale, au commencement de la lutte, et où il n'y avait pas encore eu de combat de livré, ni de poste de désarmé: cette circonstance présente de l'équivoque.

R. Monsieur, ils avaient déjà été à la mairie de la rue Saint-Martin, avant qu'ils me donnent et m'arment de ce fusil; et c'est en revenant de cette mairie qu'ils m'ont remis cette arme entre les mains, comme je viens de vous le dire.

D. Combien y avait-il de jours que vous aviez connaissance que ces événements devaient arriver, et qui vous en avait donné connaissance?

R. Non, Monsieur, je n'en avais eu aucune connaissance.

D. Où avez-vous passé la journée du lundi?

R. Je fus me rechanger chez ma mère, rue Grenétat, n'ayant pu le faire la veille, et ensuite je fus me promener en amateur dans Paris, avec les sieurs Simon, Bernard, et un troisième dont j'ignore la demeure: nous fûmes du côté de la Grève; mais comme il y avait trop de troupes, nous nous dirigeâmes du côté de la Morgue, pour voir le nombre des tués, et pour voir si j'y reconnaîtrais de mes camarades, ayant entendu dire, en descendant le faubourg Saint-Antoine, qu'un jeune homme de la commune de Charonne avait été tué.

D. Avez-vous des papiers de sûreté à nous représenter?

R. Non, Monsieur, je n'en ai aucun.

D. A quelle heure rentrâtes-vous dimanche dans la nuit, et dites-nous pourquoi vous cachâtes le fusil dont les insurgés vous avaient armé, et où vous cachâtes celui-ci?

R. Je rentrai dans la nuit à une heure du matin, et je cachai ce fusil dans une cuvette de l'avenue des Ormes, rue et près la barrière Montreuil, où la domestique et le sieur Renard l'ont trouvé, dans l'espoir de l'aller chercher le lendemain pour le garder pour moi.

D. Avez-vous déjà été arrêté ou repris de justice?

R. J'ai déjà été arrêté une fois, la nuit, près d'une heure du matin, il y a six mois environ, pour m'être attardé; la garde me conduisit au marché des Innocents, puis elle me relâcha ensuite.

Et à cet instant, nous avons, en notre présence, quoique nous l'ayons fait faire hier au soir, fouillé de nouveau l'inculpé, sur lequel il ne s'est rien trouvé de suspect.

D. Combien y a-t-il de temps que vous avez quitté votre pays, et que vous êtes à Paris?

R. Il peut y avoir treize ans, Monsieur.

Et a déclaré ne savoir signer.

Ce fait, nous, commissaire de police susdit et soussigné nous sommes sur-le-champ, assisté de M. *Porte,* brigadier de gendarmerie, et de deux de ses gendarmes, transporté maison, boulevard et commune Charonne, n° 14, domicile de l'inculpé, où étant et ayant été conduit par la nommée *Dailly,* dite *Hippert,* vivant en concubinage avec ce dernier, dans une chambre au premier étage, éclairée sur ledit boulevard Charonne habitée par l'inculpé, nous nous sommes, avec la gendarmerie, livré à une minutieuse perquisition, tant dans le lit, que nous avons fait retourner, que dans les meubles garnissant celle-ci, à l'effet de nous assurer si nous n'y trouverions pas de munitions de guerre, telles que cartouches, etc., et armes; mais nous déclarons n'y avoir rien trouvé de semblable, ni tout autre objet susceptible d'examen et paraissant provenir de mauvaise source.

Et avons signé.

Attendu qu'il résulte de ce que dessus que le nommé *Gérard* (*Benjamin-Stanislas*), de son aveu, a fait partie des insurgés dans les affaires de la Capitale des 12 et 13 mai courant; qu'il a fait feu à deux reprises différentes pour défendre des barricades, et qu'il est convenu et a avoué qu'il était au nombre des insurgés qui ont tué deux militaires; qu'il s'est lui-même vanté de ses hauts faits, et qu'ils se battaient pour la République et pour renverser le Gouvernement, nous, commissaire de police soussigné, disons qu'il sera sur-le-champ, en état de mandat d'amener, conduit avec le présent et avec le fusil par nous saisi, sous scellé, joint au présent pour servir de pièce de conviction, et dont il était armé pour faire feu et tirer sur la troupe, à la préfecture de police pour être de nouveau examiné et le tout par M. le conseiller d'État préfet de police, être adressé à l'autorité judiciaire et procès continué, et, à cet effet, nous l'avons remis aux mains de M. *Porte,* brigadier de gendarmerie qui s'en charge; et qui promet de nous rapporter un reçu tant de l'inculpé que du présent.

Fait et clos à Charonne, les jour mois et an que dessus, quatre heures de l'après midi.

Le commissaire de police,

Signé BERTRAND.

De tout quoi nous avons rédigé le présent que nous avons signé.

2e interrogatoire subi par *Gérard,* le 17 mai 1839, devant M. Zangiacomi, Juge d'instruction délégué.

D. Quel a été l'emploi de votre journée dimanche dernier?

R. Je me trouvais, vers les six heures du soir, dans la rue Grenétat, lorsque des individus me voyant là m'ont forcé de prendre un fusil; ils m'ont donné deux cartouches : j'ai peut-être tiré trois ou quatre coups de fusil contre la garde municipale et contre la ligne. Je suis parvenu à me sauver, et je n'ai été arrêté qu'avant-hier. J'avais caché dans un fossé, avenue des Ormes, le fusil qui m'avait été donné, et depuis on m'a dénoncé; le fusil a été saisi, et j'ai été arrêté par le commissaire de police de Charonne. J'ai été interrogé par ce fonctionnaire, et je lui ai dit tout ce que je vous déclare.

D. Avez-vous déjà été arrêté?

R. Jamais.

3e interrogatoire subi par *Gérard*, le 24 juillet 1839, devant M. Jourdain, Juge d'instruction délégué.

D. N'avez-vous pas fait partie d'une association politique?

R. Non, Monsieur; je ne m'occupe pas de cela.

D. Vous avez dit que vous connaissiez de vue quatre individus qui faisaient partie du rassemblement auquel vous vous êtes joint rue Grenétat, le 12 mai; n'était-ce pas dans des réunions politiques que vous les aviez rencontrés?

R. Je n'ai pas dit que je connaissais quatre de ces individus; j'ai dit seulement que, parmi les individus qui m'avaient entraîné dans le rassemblement, j'en avais remarqué un dans ce rassemblement que je connaissais de vue pour l'avoir rencontré sur le boulevard du Temple; mais je n'ai jamais été dans des réunions politiques.

D. Vous avez dit que l'on désignait sous le nom de *chasseur d'Afrique* celui qui commandait le rassemblement auquel vous vous êtes joint : comment avez-vous su cela? Le connaissiez-vous avant?

R. Non, Monsieur; j'ai su cela, parce que j'entendais qu'on parlait du *chasseur d'Afrique :* je l'ai entendu nommer, mais je ne l'ai pas vu; du moins, je ne l'ai pas remarqué.

D. N'avez-vous pas vu dans ce rassemblement un individu en pantalon rouge?

R. Je n'ai pas remarqué cela: il est possible qu'il y fût; mais je ne l'ai pas aperçu.

Représentation faite du nommé *Jean-Joseph Hendrick*, le nommé *Gérard* a dit: « J'ai vu ce jeune homme à la Conciergerie; mais je ne l'avais jamais vu avant: je ne l'ai pas remarqué dans le rassemblement qui m'a emmené rue Grenétat; je ne sais pas s'il en faisait ou non partie. »

D. A quel endroit vous êtes-vous joint au rassemblement?

R. J'étais venu chez ma mère pour changer de linge, après avoir reçu ma paye; avant d'y monter, j'entrai avec deux de mes amis, avec lesquels je travaille chez un marchand de vin rue Grenétat, au Petit Suisse, en face le n° 32; je les priai de m'attendre chez ce marchand de vin, pendant que j'irais chez ma mère. Je sortis; aussitôt une foule d'individus armés arrivèrent; plusieurs d'entre eux s'approchèrent de moi et me dirent : *Il faut que tu viennes avec nous, et que tu fasses comme nous.* Je répondis que je ne voulais pas y aller; alors quelques-uns dirent qu'il fallait que je marchasse, ou qu'ils allaient me fusiller. Je n'ai pas pu entrer chez ma mère, parce que l'allée de la maison était fermée : je n'avais pas pu non plus rentrer chez le marchand de vin, parce qu'il avait aussi fermé sa porte. Je leur dis alors que je ferais ce qu'ils voudraient, et qu'ils me disent ce qu'il fallait faire ; ils me répondirent qu'on allait me donner un fusil : on m'en donna en effet un, rue Saint-Denis.

D. Combien s'est-il passé de temps depuis le moment où on vous a remis un fusil jusqu'à celui où vous avez tiré sur la troupe?

R. C'est une grande heure ou deux heures après; je n'ai tiré que deux coups.

D. A quel endroit avez-vous tiré?

R. Près de la cour Batave.

D. D'où venaient les militaires sur lesquels vous tiriez?

R. Ils remontaient la rue, venant de la place du Châtelet ou du marché.

D. Mais comment avez-vous pu rester si longtemps sans voir l'individu qui était le chef de la bande où vous vous trouviez?

R. Tous n'étaient pas toujours réunis : on allait et venait, nous étions quelquefois seulement trois ou quatre réunis ensemble ; ce n'est qu'au moment du coup de feu qu'il s'en est réuni une trentaine près de la barricade.

D. Vous avez déclaré devant le commissaire de police qu'il avait été tué un garde municipal et un soldat de la ligne, ainsi vous vous êtes battu en plusieurs endroits ; car, au moment où on s'est battu aux barricades près de la cour Batave, il n'est venu de ce côté que de la troupe de ligne et de la garde nationale, et pas de garde municipale?

R. J'ai vu deux militaires tomber, j'ai cru que c'étaient un garde municipal et un soldat de la ligne; mais j'ai pu me tromper : je n'ai point été ailleurs que là.

D. D'après ce que vous venez de nous dire, les insurgés n'étaient pas toujours réunis; au contraire, ils se dispersaient : d'où il résulte que, si vous n'aviez pas été là de bonne volonté, vous eussiez pu vous en aller?

R. Je ne le pouvais pas, parce qu'il y en avait toujours deux qui restaient près de moi, auxquels les autres avaient dit de me fusiller si je voulais m'en aller; je me suis sauvé dès que la nuit est arrivée.

D. Qu'avez-vous fait pendant tout le temps qui s'est écoulé entre l'instant où on vous a remis un fusil et celui où vous avez tiré?

R. Je suis resté à la barricade.

D. On a dû vous dire au moins pourquoi on se battait?

R. Non, Monsieur, on ne me l'a pas dit.

D. Est-ce que vous n'avez fait aucune question aux individus qui se battaient?

R. Non, Monsieur, aucune.

D. Mais dans cet intervalle de temps on a pris des fusils à des gardes nationaux dans leurs domiciles, et le fusil dont vous étiez porteur n'a-t-il pas été pris par vous chez un garde national?

R. Non, Monsieur; on me l'a donné, comme je viens de vous le dire.

D. N'avez-vous pas été à l'attaque du poste du marché Saint-Jean?

R. Non, Monsieur, je n'y suis pas allé.

D. N'avez-vous pas été boire chez un marchand d'eau-de-vie et de tabac avec trois individus armés? N'avez-vous pas payé pour eux?

R. Non, Monsieur; je n'ai été que chez un marchand de vin, rue Grenétat, avec mes deux camarades, comme je viens de vous le dire.

D. Depuis votre arrestation, avez-vous reconnu quelques-uns des individus qui, selon vous, vous auraient remis un fusil?

R. Non, Monsieur, aucun.

INTERROGATOIRES DE DUBOURDIEU.

DUBOURDIEU (Jean), *âgé de 20 ans, tailleur, né à Castillan (Gironde), demeurant à Paris, rue de Chartres, n° 12.*

1er interrogatoire subi, le 13 mai 1839, devant M. Labour, Juge d'instruction.

D. Vous êtes inculpé d'avoir, dans la journée du 12 de ce mois, fait partie de bandes armées pour attenter à la sûreté de l'État?

R. On m'a arrêté le 13, rue Croix-des-Petits-Champs; j'étais sans armes, je venais de chez moi; j'allais travailler chez un nommé *Roux*, rue Boucher, n° 2; il m'attendait; j'étais dans l'intention d'aller en même temps chez MM. *Robereaux,* n° 1, rue Jean-Jacques-Rousseau; il devait me donner une petite redingote à faire. J'avais sur moi des cartouches; on me les avait distribuées la veille rue Saint-Denis; je n'ai pas voulu en faire usage; je n'étais porteur d'aucun poignard; j'ai travaillé hier jusqu'à quatre heures chez *Roux;* je me suis promené seul jusqu'à six heures au Palais-Royal; je suis rentré un instant chez moi; j'ai passé rue Montmartre, à la pointe Saint-Eustache, et rue du Roule, par curiosité; j'étais sans armes ni munitions; j'ai couché toute la nuit chez moi; j'étais rentré chez moi à onze heures.

Jamais condamné, jamais arrêté, ni fait partie d'aucune société politique.

2e interrogatoire subi par *Dubourdieu,* le 20 juin 1839, devant M. Boulloche, Juge d'instruction délégué.

D. Les explications que vous avez données sur l'emploi de votre temps, dans la journée du dimanche 12 mai, ne sont point exactes. Faites connaître à quelle heure vous avez quitté le sieur *Roux*, chez lequel vous vous trouviez lors du commencement de l'insurrection?

R. J'avais travaillé et dîné avec *Roux;* notre dîner était terminé lorsque nous avons entendu du bruit; je suis descendu aussitôt pour savoir quelle en était la cause : il était alors quatre heures.

D. Où êtes-vous allé en sortant de chez *Roux?*

R. Descendu dans la rue, j'ai appris qu'on se battait du côté du Châtelet; et, voulant éviter toute espèce de désagrément, je suis allé seul me promener du côté du Palais-Royal et dans le quartier de la Bourse.

D. Combien de temps a duré cette prétendue promenade?

R. Elle a duré environ une heure et demie, deux heures. Je suis revenu chez moi, j'y ai passé une demi-heure; je suis retourné du côté du Palais-Royal; j'ai descendu la rue Montmartre jusqu'à la pointe Sainte-Eustache : j'ai vu beaucoup de curieux; de là, je suis allé rue du Roule, chez le sieur *Fritz,* beau-père de *Roux.* J'y ai passé quelques minutes seulement; la femme de *Roux,* qui s'y trouvait, m'a proposé de la conduire du côté du marché des Innocents : j'y ai consenti. Arrivés dans cet endroit, nous y avons vu beaucoup de monde; on démolissait le marché des Innocents pour faire des barricades. Nous avons retrouvé *Roux;* je lui ai proposé, ainsi qu'à sa femme et à la demoiselle *Henriette,* qui les accompagnait, de venir avec moi voir ce qui se passait dans la rue Saint-Denis; ils ne s'en sont pas souciés, j'y suis allé seul. A l'extrémité du marché des Innocents, près la rue Saint-Denis, j'ai trouvé un rassemblement assez considérable; je n'ai cependant pas vu d'hommes armés, et, quoique je marchasse le plus vite possible, j'ai été arrêté par quatre ou cinq hommes qui m'ont dit : *Voilà des cartouches, tu viendras avec nous.* J'ai accepté les huit cartouches et les trois balles qu'ils m'ont données. Après être resté avec eux cinq minutes au plus, je les ai quittés; je suis retourné dans la rue du Roule; de là, je suis allé dans la rue Saint-Honoré, du côté du Palais-Royal; j'ai traversé la rue de Grenelle-Saint-Honoré, en allant me promener du côté de la place des Victoires; je suis revenu près la place de la Bourse; j'ai été me promener sur les boulevards; enfin je suis rentré chez moi à onze heures, et je me suis couché.

D. Vous ne dites pas la vérité. Si les insurgés vous ont donné des cartouches et des balles, ils ont dû s'assurer que vous pourriez en faire usage. Ainsi, ou vous aviez un fusil, ou si vous n'en aviez pas, ils ont dû vous en donner un?

R. Je n'avais pas d'armes; il n'en avaient pas non plus, et ils ne m'en ont pas donné.

D. A quelle heure êtes-vous arrivé sur la place de la Bourse?

R. Il était à peu près huit heures et demie ou huit heures.

D. N'avez-vous pas, en ce moment, entendu tirer des coups de fusil?

R. Non, Monsieur, je n'en ai point entendu, et je n'ai vu personne.

D. Vous n'avez point fait la promenade insignifiante que vous annoncez; vous avez pris part, et une part active, à diverses attaques, notamment à celle du poste de l'Hôtel-de-Ville?

R. Non, Monsieur, cela est faux.

D. Un témoin vous a positivement reconnu; armé d'un marteau, vous l'avez menacé de l'en frapper s'il faisait la moindre résistance?

R. Ce témoin s'est trompé.

D. Ce témoin avait donné votre signalement; il vous avait reconnu dans une confrontation générale; hier encore, je l'ai confronté avec vous; il a de nouveau affirmé qu'il vous reconnaissait: il a même fait remarquer que vous n'aviez pas, en paraissant devant lui, le pantalon que vous portiez le 12 mai?

R. Je réponds encore que le témoin s'est trompé. Je ne sais même pas si on a attaqué et pris le poste de l'Hôtel-de-Ville.

D. Deux autres témoins, sans vous reconnaître aussi positivement, vous signalent pour vous avoir vu dans le rassemblement qui, vers quatre heures, attaquait le poste de l'Hôtel-de-Ville. Ils croient bien que c'est vous qui avez demandé qu'on vous indiquât la demeure d'un médecin?

R. L'un de ces témoins a dit que l'homme qu'il avait vu était plus grand, l'autre a dit que j'avais une casquette, et il est certain que j'ai conservé mon chapeau toute la journée.

D. De votre propre aveu, vous n'êtes rentré chez vous qu'à onze heures du soir; à quelle heure êtes-vous sorti le lendemain matin?

R. Couché à onze heures, j'ai passé la nuit dans mon lit, et le lendemain matin je suis sorti à quatre heures; je ne savais pas même quelle heure il était.

D. Pourquoi, contrairement à votre usage, êtes-vous sorti d'aussi grand matin?

R. Il m'arrive quelquefois de sortir de grand matin; je m'étais levé de bonne heure, pour trouver *Roberon*, qui m'avait promis de me donner de l'ouvrage.

D. Ne saviez-vous pas qu'une vingtaine d'insurgés s'étaient donné rendez-vous à quatre heures du matin près du passage Véro-Dodat, et n'êtes-vous pas sorti d'aussi bonne heure pour vous joindre à eux?

R. Non, Monsieur, je ne le savais pas.

D. On a cependant remarqué que vous ne suiviez pas votre chemin, comme vous l'auriez fait si vous n'aviez eu d'autre but que celui d'aller chercher de l'ouvrage; lorsqu'on vous a arrêté, vous rôdiez entre la rue Montesquieu et l'entrée du passage Véro-Dodat, ce qui annoncerait que vous attendiez vos complices pour recommencer les désordres de la veille?

R. Je n'ai pas rôdé; je me suis peut-être arrêté un instant avant d'entrer dans la rue Croix-des-Petits-Champs; tout le monde pouvait en faire autant.

D. On a trouvé en votre possession huit cartouches et quatre balles; comment vous les êtes-vous procurées?

R. On me les avait données la veille.

D. Si vous alliez réellement travailler, pourquoi aviez-vous conservé ces balles et cartouches dans vos poches?

R. Cela m'avait passé de la mémoire, et j'avais oublié de les déposer.

D. Reconnaissez-vous cet écrit que je vous présente, commençant par ces mots : *D'après les événements et les rapports qui nous ont été faits*, et finissant par ceux-ci : ***Nous vous conjurons de vous tenir prêts à chaque jour et à chaque heure?***

R. Oui, Monsieur, je reconnais cet écrit.

D. Est-il de votre écriture?

R. Oui, Monsieur.

D. Quel en est l'auteur?

R. Je ne le sais pas. Il y a environ deux ans, cette pièce imprimée m'est tombée sous la main, je ne sais pas dans quel endroit, et je l'ai copiée.

D. Qu'avez-vous fait de l'imprimé que vous dites avoir trouvé?

R. Je ne me le rappelle pas; je crois l'avoir déchiré.

D. Combien en avez-vous fait de copies?

R. Je crois n'avoir fait que celle-là.

D. Consentez-vous à signer et parapher avec nous cette pièce?

R. Oui, Monsieur, j'y consens.

Ici nous donnons lecture à l'inculpé de l'écrit trouvé en sa possession, et nous lui faisons remarquer qu'il prouve au plus haut degré ses mauvais principes, qu'il prouve qu'il appartenait à ces sociétés républicaines, et qu'il savait qu'un mouvement insurrectionnel devait éclater d'un moment à l'autre (1).

---

(1) *Copie d'un écrit trouvé en la possession de* Dubourdieu.

D'après les événements et les raports qui nous ont étaient fait, nous devons bientôt nous attandre à de grands évènement que depuis si long temps nous atandons tous! et de se tenir en permanance et de preter une aureille attentive où au premier jour on entendra proféré ce cri lugubre et solannel de *au armes! citoyens.* Et alors toutes les ames palpitantes de patriotisme pur se réveilleront à ce cris et à ce cigne insurectionnelle du son térible du béfroit retentissant de clocherts comme ce cris tant proféré de au armes se repetera de bouches en bouche à la postérité.

N'étent vous pas las? de gémir dans les ferts et sous la tutelle de nos tyran impitoyables qui nous mette sans pain, sans logis, sans vêtemens et qui nous avilissent même à nous corrompre à nous à nos sœurs et à nos femmes par l'or et par la misère qu'ils nous sucite tour à tour et ce n'est pas encore tout ci vous lisiez dans le font de leur ames tout ce qu'il y a de sotte d'ineptie et de dégoutant vous pourriez suporter tant d'orreur à voir de être de votre espesse que malgré vous philosophiquement vous devez pleindre; mais ce n'est pas encore le temps, c'est à vous tout comme en quatre-

R. Cette pièce n'est point imprimée; je ne l'ai montrée à personne; elle ne désigne aucune époque, et on ne peut pas dire qu'elle indique que je savais qu'il devait y avoir du trouble.

D. A quelle société secrète appartenez-vous?

R. Je ne fais partie d'aucune société; si j'avais voulu prendre part aux désordres, et que je me fusse rappelé que j'avais cette pièce, il m'était bien facile de la détruire.

D. Il paraît que vous aimez la lecture; on a trouvé en votre possession des ouvrages qui prouvent encore de quels principes vous nourrissez votre esprit?

R. J'ai acheté le Code national et la Biographie des rois sur le quai. Dès lors que ces ouvrages ont été vendus publiquement, ils ne peuvent servir à ajouter à l'accusation portée contre moi. Le portrait de Robespierre qui a été trouvé en ma possession appartient à mon frère, à qui la mère de M. *Laponneraye* l'a donné il y a quatre ou cinq mois.

D. Quels rapports existent donc entre vous et M. *Laponneraye?*

R. Il n'existait entre nous aucunes relations: j'ai été pendant un an ou neuf mois abonné à son journal (*l'Intelligence*); j'ai aussi

---

vint-douze de déclare la patrie en dange et de faire une appelle à tous citoyens fraternelle, vraiment démocrate, et de tirait le canon d'alarme et encore une fois debranlé ce vieux bourdon conplice des conjurés et au son de son lugubre béfroit, voller au arme non pas à la frontière parce que les républiquins égaux n'en ont pas, mais sur les enemi du dedans sur Philippe sur tous les aristocrates et sur tous ceux qui voudrons metre des digue à letat populaire de la vanjance et de justice et dan ces jours et de gloire et de doeuil tous à la fois terrassé tous supots de la tyranie.... et nou espérons ce qu'y ci vas ce dir et soir aucun mot ne sortira d'une bouche! et que par la profession de foi que nous avons tous manifesté de jure une seconde foi sur ces cartouches sacrées et par le sentiment qui nous inspire et devant Dieu et devant tous pour faire fasse à tout croyance sacrée! de ne nous séparé et durant la vie, et jusqu'à la mort pour l'accomplissement le triomphe et le salut de la république égalitée.

Nous ne voulons vous influencer ni par des parole ni par de beau discours mais nous vous conjuron de vous tenir pret à chaque jour et à chaque hoeures.

Pour copie certifiée conforme par moi soussigné:

Paris, le 22 mai 1839.

Signé: BERTINET.

acheté chez lui le Dictionnaire des Peuples ; lors de mon arrestation, j'étais encore abonné à ce même journal.

D. Connaissez-vous le nommé *Lambrun*, marchand de vin, rue Neuve-Saint-Augustin, n° 15, et ne savez-vous pas que des ouvriers tailleurs se sont réunis chez lui, dans la journée du 12 mai, pour y faire des cartouches ?

R. Non, Monsieur, je ne le connais pas, et je ne suis point allé chez lui.

INTERROGATOIRES DE DUGROSPRÉ.

DUGROSPRÉ (Pierre-Eugène), *âgé de 29 ans, ciseleur, né à Beauvais (Oise), demeurant à Paris, rue du Temple, n° 31.*

1er interrogatoire subi, le 13 mai 1839, devant M. Gabet, commissaire de police.

L'an mil huit cent trente-neuf, le treize mai, sept heures du soir,

Nous, *Charles Gabet,* commissaire de police du quartier de la porte Saint-Martin,

Vu le rapport ci-joint du sieur *Baullot,* fourrier de la garde municipale, duquel il résulte que le nommé *Dugrospré* a été arrêté criant : *à bas les ministres!* qu'on a trouvé sur lui deux pistolets, trente cartouches et une boîte de capsules,

Nous avons ainsi qu'il suit procédé à l'interrogatoire dudit *Dugrospré :*

D. Quels sont vos nom, prénoms, âge, lieu de naissance, profession et domicile?

R. Dugropré (*Pierre-Eugène*), âgé de 29 ans, ouvrier à façon, ciseleur, né à Beauvais (Oise), demeurant rue du Temple, n° 31.

D. Dans quelle intention criiez-vous ce soir, à cinq heures, dans la rue du Faubourg-Saint-Martin, *à bas les ministres!*

R. Je n'ai pas poussé ce cri.

D. Dans quel but portiez-vous sur vous les deux pistolets chargés et amorcés, la boîte de capsules, et les 30 cartouches que je vous représente?

R. Depuis longtemps j'avais ces armes et ces munitions chez moi; ayant déjà été arrêté plusieurs fois sous prévention de délit politique, j'ai craint une visite domiciliaire, et j'ai voulu mettre ces objets chez M. *Cabro,* employé au balayage, et demeurant rue du Faubourg-Saint-Martin, j'ignore son numéro.

D. Les deux pistolets sont chargés et amorcés. Y a-t-il longtemps qu'ils sont dans cet état?

R. Il y a longtemps qu'ils sont chargés et amorcés.

D. A quel usage destiniez-vous les cartouches trouvées sur vous ?

R. Je les avais préparées pour m'en servir contre le Gouvernement, au cas où il voudrait marcher sur les traces de Charles X.

D. A quelle époque les avez-vous préparées?

R. A différents moments; quand j'avais économisé de l'argent, je l'employais à cela.

D. En examinant le papier de ces cartouches, on reconnaît qu'il est très-frais et très-propre, ce qui fait supposer que ces cartouches sont faites de ces jours-ci?

R. Elles datent de plus loin.

D. Comment avez-vous employé votre journée d'hier et celle d'aujourd'hui ?

R. Je me suis promené dans les rues, pour voir ce qui se passait; j'ai couché chez le sieur *Cabro,* dont je vous ai parlé ce matin; j'ai fait diverses courses.

D. Pourquoi n'avez-vous pas couché chez vous?

R. Je craignais une arrestation préventive.

D. Ainsi vous reconnaissez bien les deux pistolets, les cartouches, la boîte de capsules et la longue pointe servant de baguette de pistolet que je vous représente, pour ceux qui ont été trouvés sur vous?

R. Oui, Monsieur.

D. Avez-vous déjà été arrêté ou repris de justice?

R. Quatre ou cinq fois sous prévention de délit politique.

Sur quoi, nous, commissaire de police susdit, disons que le nommé *Dugrospré* sera immédiatement conduit à la préfecture de police, pour être à son égard statué ce que de droit. Nous joignons au présent les deux pistolets, mis sous un scellé; les trente cartouches, la boîte de capsules et la pointe servant de baguette de pistolet, placés sous un autre scellé, et servant de pièce à conviction, et avons signé.

Signé GABET.

2e interrogatoire subi par *Dugrospré*, le 14 mai 1839, devant M. Voizot, Juge d'instruction.

D. Que faisiez-vous hier, à cinq heures du soir, dans le faubourg Saint-Martin, en face la caserne?

R. Je sortais de chez moi pour aller voir un nommé *Cabro*, employé dans le balayage, demeurant dans le faubourg Saint-Martin, chez lequel j'avais couché la veille, pour lui demander s'il voulait recevoir les armes qui ont été saisies sur moi.

D. Pour quel motif avez-vous couché chez *Cabro*, et non pas chez vous?

R. Lorsque, m'étant promené une partie de la journée avec son fils, nous revînmes à la barrière Saint-Martin, vers dix heures du soir, il m'a proposé de coucher chez son père, à cause des troubles qui existaient dans Paris.

D. Comment connaissez-vous *Cabro* père et fils, et quels rapports avez-vous avec eux?

R. Je ne connais pas le père, et ne suis lié que très-imparfaitement avec le fils, ouvrier en peignes, que j'ai rencontré chez un de mes amis, *Napoléon Tournay*, bottier, rue du Poirier, près la rue Maubuée, et j'ignore le numéro, ainsi que celui de la maison de *Cabro* père.

D. Pour quel motif portiez-vous vos armes chez *Cabro?*

R. J'allais porter mes armes chez *Cabro*, parce que chaque fois qu'il y a du trouble, on me fait arrêter.

D. Quelle est la cause de ces arrestations?

R. Parce que j'ai fait partie de la société des Droits de l'Homme, à ce que je présume.

D. Vous avez été entendu hier avec un autre individu qui vous accompagnait criant : *A bas les ministres !*

R. J'étais seul et n'ai rien crié.

D. Quelles armes ont été saisies sur vous ?

R. Une paire de pistolets, trente cartouches et des capsules.

D. Pourquoi vos pistolets étaient-ils chargés ?

R. Il y a très-longtemps qu'ils étaient chargés pour ma défense personnelle.

D. L'examen qui a été fait des cartouches dont le papier était frais et propre, annonce qu'ils avaient été tout récemment chargés ?

R. J'affirme le contraire.

D. Comment, si vos pistolets étaient chargés depuis longtemps, expliquez-vous que les canons fussent noircis par la poudre comme l'est une arme dont on vient de se servir ?

R. Je n'en sais rien.

D. En admettant que vos pistolets fussent chargés depuis longtemps, pour quelle cause les aviez-vous chargés ?

R. Pour m'en servir si j'étais attaqué le soir.

D. Que vouliez-vous faire des trente cartouches ?

R. C'était pour m'en servir dans le cas où *Louis-Philippe* marcherait sur les traces de *Charles X.*

D. Vous faites partie de quelque société secrète ?

R. Non, Monsieur.

D. Voulez-vous nous faire connaître de quelle catégorie de ceux des factieux vous faisiez partie, et quel était votre signe de ralliement ?

R. Je ne fais plus partie d'aucune société et n'en connais aucune.

D. N'avez-vous pas reçu ou distribué de l'argent pour exciter des troubles ?

R. Non, Monsieur.

D. Connaissez-vous un nommé *Vandervelle*, portier, qui a été arrêté avec vous?

R Non, Monsieur. Voici comment il a été arrêté avec moi : Je rencontrai dans la rue du Faubourg-Saint-Martin un nommé *Rousseau*, fils d'un nommé *Rousseau*, plombier, rue Saint-Marc-Feydeau, près la rue Neuve-Vivienne. Il vint à moi, en me disant : Je suis avec un *sacré* exalté qui m'ennuie, et je voudrais m'en défaire. Où est-il donc, lui demandai-je? Il l'appela aussitôt, et c'est au moment où je demandais à cet individu : Qu'est-ce que c'est? qu'avez-vous? que j'ai été arrêté.

D. Comment connaissez-vous *Rousseau* fils?

R. Pour l'avoir vu une fois ou deux chez son père.

D. Vous êtes donc lié avec le père?

R. Non, je ne le connais pas; mais j'y suis allé avec un ami qui le connaissait.

D. Pouvez-vous dire le nom de cet ami?

R. Non, Monsieur.

D. Persistez-vous à dire que, dans la journée d'hier et d'avant-hier, vous n'avez pas fait usage de vos pistolets?

R. Je n'ai pas brûlé une seule amorce.

D. Quels sont vos moyens d'existence?

R. Je travaille comme ciseleur chez moi, pour M. *Ubeaudy*, qui demeure au coin de la rue d'Angoulême et de la rue Folie-Méricourt, et M. *Fisellier*, rue de Crussol, n° 10, (arrêté quatre ou cinq fois pour délit politique et condamné une fois à trois mois).

D. Vous êtes inculpé, à raison des faits qui précèdent, d'avoir proféré des cris séditieux, et d'avoir pris part à un attentat contre la sûreté de l'État, et d'avoir porté des armes de guerre dont vous avez fait usage?

R. Je prouverai que je suis innocent de ces faits.

D. Quel a été l'emploi de votre temps dans la journée du dimanche ?

R. Je suis sorti de chez moi, rue du Temple, vers dix heures du matin; je suis entré chez la marchande de liqueurs qui demeure en face de moi, où je prends habituellement un petit verre; de là, je suis allé rue du Temple, n° 10, voir un de mes cousins nommé *Pitre,* doreur, que je n'ai pas rencontré. Je suis rentré chez moi pour déjeuner, et suis ressorti pour aller chez *Napoléon Tournay,* qui était malade; j'y ai trouvé *Cabro* fils, avec sa femme : il était environ deux heures. Je sortis pour aller chercher une chopine, pour faire prendre quelques gouttes de vin à *Tournay;* j'aperçus des individus courant, et j'en fis part à *Cabro* et à *Tournay,* en rentrant. Je ressortis avec *Cabro;* nous vîmes des jeunes gens armés de fusils, qui saisirent par la bride les chevaux d'un omnibus; nous sommes rentrés de nouveau chez *Tournay,* où nous sommes restés jusque vers quatre ou cinq heures environ. *Cabro* et moi, sommes partis du côté de la rue du Temple, et de là au faubourg Saint-Martin, où nous avons couché chez *Cabro* père, comme je vous l'ai dit plus haut.

D. Quel a été l'emploi de votre temps dans la journée de lundi?

R. Le matin, vers six heures et demie, *Cabro* fils et moi, sommes sortis de chez son père pour aller voir les différents endroits où l'on s'était battu; vers huit heures et demie, *Cabro* m'a accompagné jusque chez moi, où je voulais rassurer ma femme. Au bout de quelques instants, nous sommes allés, *Cabro* et moi, déjeuner chez un restaurateur, rue Pastourelle, le premier à main gauche en entrant par la rue du Temple; le nommé *Camus,* metteur en bronze, rue du Temple, n° 56; le nommé *Neveu,* écrivain public, demeurant cloître Saint-Nicolas, n° 4, dont l'échoppe est sur une petite place voisine de la mairie du sixième arrondissement, qui ont tous deux déjeuné avec nous, ainsi que mon cousin *Pitre,* déjà nommé. Je me rappelle encore d'un sixième convive, nommé *Lebègue* fils, contre-maître doreur chez son père, maître doreur, rue Pastourelle, au milieu de la rue. Nous avons quitté le restaurant à midi; *Cabro* et moi avons continué de nous promener dans les rues, et nous nous sommes séparés dans la rue de Bondy; il était environ quatre heures, et je suis rentré chez moi pour prendre mes armes, et les porter chez *Cabro* père.

D. Pourquoi n'avez-vous pas porté vos armes le dimanche, au lieu du lundi, chez *Cabro* père, puisque vous vouliez les faire disparaître de votre domicile?

R. C'est que je sais que, dans les moments des troubles, les perquisitions ne se font pas habituellement le jour même, mais seulement dans les deux ou trois jours qui suivent, et que d'ailleurs il y avait plus de danger pour moi à transporter des armes le jour où l'on se battait, que lorsque tout était fini.

D. Il est difficile de croire que vous, qui avez eu plusieurs fois des rapports plus ou moins directs dans les troubles et événements politiques antérieurs, que vous n'ayez point joué un rôle actif dans les faits qui viennent d'avoir lieu?

R. Je vous réponds que je n'ai pas agi, et n'ai rien fait dans ces derniers troubles.

D. Pouvez-vous donner des renseignements sur les moyens d'action qui ont été employés dans ces dernières affaires?

R. Je ne connais aucun homme politique, et ne suis au courant des affaires que par les journaux.

3e interrogatoire subi par *Dugrospré*, le 30 mai 1839, devant M. le Chancelier de France, Président de la Cour des Pairs.

D. Vous avez déjà été arrêté plusieurs fois?

R. Oui, Monsieur.

D. Vous avez été arrêté, le lundi 13 mai, vers cinq heures, rue du Faubourg-Saint-Martin, presque en face la caserne de la garde municipale?

R. Oui, Monsieur.

D. Vous étiez porteur de deux pistolets chargés?

R. Oui, Monsieur.

D. Vous aviez aussi des cartouches?

R. Oui, Monsieur; on m'en a trouvé une trentaine; je ne les ai pas comptées.

D. Vous aviez aussi une boîte de capsules?

R. Oui, Monsieur.

D. Le moment où vous avez été arrêté est celui où le tumulte commençait à reprendre?

R. Je ne sais pas; dans le faubourg Saint-Martin tout était tranquille.

D. A quel usage destiniez-vous ces pistolets et ces cartouches?

R. J'avais ces pistolets pour tirer à la cible; je m'amuse volontiers à cela. Ce sont d'assez tristes pistolets que j'ai achetés à un marchand de bric-à-brac.

D. De quel calibre étaient les cartouches saisies sur vous?

R. J'avais un moule, je les ai faites de la grosseur du moule, mais je ne connais pas le calibre; je sais seulement qu'elles n'allaient pas dans les pistolets.

D. Est-ce que c'étaient des cartouches pour des fusils de munition?

R. Je ne connais pas la largeur de l'ouverture d'un fusil de munition.

D. N'avez-vous pas été chef d'une section?

R. J'ai été sous-chef de la section de la Prise du Louvre, dans la société des Droits de l'Homme, il y a cinq ou six ans.

D. N'avez-vous pas été arrêté en 1834?

R. Oui, Monsieur, le 23 février 1834, pour cris séditieux. J'étais en ribotte, quand j'ai été arrêté; j'ai été condamné à trois mois. C'est là ma première arrestation, qui a été cause de toutes les autres; car toutes les fois qu'il y a quelque chose, on vient me chercher à la maison, et l'on me fait faire des préventions.

D. N'êtes-vous pas entré dans une autre société appelée des Communautés ou des Familles?

R. Après la dissolution de la société des Droits de l'Homme, je n'ai fait partie d'aucune autre société.

D. N'avez-vous pas fait partie d'une phalange révolutionnaire organisée après l'attentat de *Fieschi?*

R. Non, Monsieur; je n'avais confiance dans aucune société; d'après celle des Droits de l'Homme, cela ne m'a pas inspiré assez de confiance.

D. Avez-vous connu un nommé *Hullard?*

R. Non, Monsieur, je ne connais pas ce nom-là.

D. Qu'avez-vous fait dans la journée du 12?

R. J'ai oublié de dire au juge d'instruction ce qui pouvait être utile pour moi, que, comme mon bourgeois ne m'avait pas fait la paye le samedi, j'étais allé chez lui le dimanche matin, sur les dix heures; il m'a fait ma paye, nous avons joué au piquet et je suis resté avec lui jusqu'à midi et demi, une heure; ça été ma première sortie. Je suis ensuite retourné à la maison remettre de l'argent pour ma femme; j'y ai déjeuné; ensuite j'ai été chez un de mes amis, *Napoléon Tournay,* qui était malade au lit, rue du Poirier.

D. Vous avez donné tous ces détails dans un précédent interrogatoire, il est inutile de les répéter. Je vous interpelle seulement sur le fait d'un omnibus que vous auriez vu renverser par des jeunes gens. Avez-vous reconnu quelques-uns de ces jeunes gens?

R. Non, Monsieur.

D. Ne faisiez-vous pas vous-même partie de ce rassemblement?

R. Non, Monsieur.

D. N'avez-vous fait partie d'aucun autre rassemblement?

R. D'aucun.

D. Cependant, il y a des témoins qui disent vous avoir vu dans le rassemblement qui a attaqué l'Hôtel-de-Ville?

R. Ils se sont trompés.

D. Vous serez confronté avec ces témoins?

R. Je le désire moi-même; je sais que je serai condamné pour avoir eu des armes; mais pour complot ou renversement, je ne crains pas cela.

D. Vous dites que vous n'avez fait partie d'aucune société secrète, cependant il y a de fortes raisons de croire que vous avez fait partie de la société des Saisons, et que vous avez dit, au mois de juillet 1838, que la société était en permanence à l'occasion du procès *Laity*?

R. Je ne connais pas la société des Saisons; je n'ai entendu parler que de la société des Familles, par M. Zangiacomi, sans en avoir fait partie, lorsque nous avons été arrêtés dix-sept chez *Rivière*, il y a deux ans.

D. Leconte, qui a épousé la veuve de *Pépin*, ne faisait-il pas partie des personnes arrêtées alors avec vous?

R. Oui, Monsieur.

D. N'auriez-vous pas été, avec *Leconte*, l'un des distributeurs du *Moniteur Républicain* et de l'*Homme Libre*?

R. Non, Monsieur. J'en ai trouvé un, un soir, sous ma porte; mais je n'ai pas trouvé que cela fût bon à faire de la propagande républicaine : ç'aurait été plutôt fait pour en dégoûter, et je n'aurais pas été collaborateur d'un journal comme celui-là.

D. N'avez-vous pas en votre possession un poignard que vous portez quelquefois sur vous?

R. Non, Monsieur.

D. N'avez-vous pas proféré quelquefois des menaces contre la vie du Roi?

R. Jamais.

D. Napoléon Tournay n'est-il pas chef d'une section de la société des Saisons?

R. Non, Monsieur; je le certifie.

D. Pas plus que vous?

R. Pas plus que moi.

4e interrogatoire subi par *Dugrospré*, le 21 juin 1839, devant M. Zangiacomi, Juge d'instruction, délégué.

Nous avons, en présence de l'inculpé, procédé à l'ouverture d'un paquet de cartouches joint au pistolet, qui ont été saisies chez ce dernier, après toutefois lui avoir fait reconnaître l'intégrité des scellés, et lui avons demandé s'il le reconnaissait pour avoir été en sa possession; il a répondu affirmativement, déclarant qu'il s'en référait à ce qu'il avait dit précédemment au sujet de ces cartouches, ajoutant que c'était lui qui les avait faites pour le cas où une révolution, comme celle de 1830 surviendrait.

D. D'où proviennent les balles?

R. J'en ai trouvé quelques-unes, et j'ai fondu les autres.

D. Comment faisiez-vous ces cartouches?

R. Je roulais le papier avec un mandrin, je plaçais ma balle au fond, et je rabattais ensuite fortement le papier.

Nous avons représenté à M. le commandant *Gazan*, les cartouches de l'inculpé, et nous lui avons donné mission d'examiner ces objets, et de nous dire si ces cartouches paraissaient avoir été faites par le nommé *Dugrospré*; si les balles étaient de calibre, et quelle était la nature de la poudre?

A cet effet, nous avons extrait, toujours en présence de l'inculpé, quatre de ces cartouches, et nous avons replacé les autres sous le scellé.

5e interrogatoire subi par *Dugrospré*, le 10 juillet 1839, devant M. Zangiacomi, Juge d'instruction, délégué.

D. L'instruction a établi que vous aviez, dans la journée du 13 mai, crié : *Vive la république! à bas les ministres!*

R. Je nie ce fait.

D. Vous êtes, en outre, inculpé d'avoir été porteur de pistolets, dont un en cuivre, et l'autre paraissant d'arçon, qui sont reconnus avoir fait feu?

R. Il y avait quinze jours au moins qu'ils avaient fait feu quand j'ai été arrêté. Je les avais tirés dans la campagne.

D. Vous reconnaissez également que vous étiez porteur de cartouches?

D. J'en conviens, puisque je les ai achetées et confectionnées, comme je vous l'ai déjà dit?

D. Persistez-vous à dire que vous ne faites partie d'aucune société?

R. Oui, Monsieur.

6e interrogatoire subi par *Dugrospré*, le 22 août 1839, devant M. Zangiacomi, Juge d'instruction, délégué.

D. Un témoin qui vient d'être entendu paraît vous reconnaître pour vous avoir vu parmi les insurgés qui, dans la journée du 12 mai dernier, ont attaqué le poste de l'Hôtel-de-Ville?

R. Cela est faux. J'ai dit où j'étais le 12 : je ne suis point allé du côté de l'Hôtel-de-Ville, et je persiste à dire que je n'ai nullement pris part aux événements de cette journée.

INTERROGATOIRES DE BUISSON.

Buisson, dit **Pieux** (Louis-Médard), *âgé de 22 ans, peintre sur porcelaine, né à Paris, y demeurant rue de Ménilmontant, n° 32.*

1er interrogatoire subi, le 18 juin 1839, devant M. Legonidec, Juge d'instruction, délégué.

D. N'avez-vous jamais pris les nom et prénom de *Félix Pieux?*

R. Oui, Monsieur, c'est le nom sous lequel je suis connu dans la rue; c'est le nom que portait mon père.

D. C'est donc vous qui, le 13 mai, avez déposé un fusil au bureau de police du quartier du Temple?

R. Oui, Monsieur, un fusil de munition, qui portait sur la culasse, je crois, *6e arrondissement*, et le nom sur la banderole. Il était chargé, mais il n'avait pas d'amorce.

D. Où vous l'étiez-vous procuré?

R. C'est un inconnu de 40 ans environ qui me l'a remis, le dimanche, vers neuf heures du soir, dans la rue de Ménilmontant.

D. N'est-ce pas vous plutôt qui l'aviez pris de vive force au garde national désarmé?

R. Non, Monsieur.

D. Pourquoi et quel jour avez-vous quitté Paris?

R. Le vendredi après les événements, pour aller voir mes parents?

D. N'avez-vous pas plutôt fui Paris dans la crainte d'être arrêté?

R. Non, Monsieur.

D. Vous avez cependant pris part aux troubles?

. Non, Monsieur. J'étais à me faire coiffer chez le sieur *Cornu*, coiffeur, rue Neuve-d'Angoulême lorsque les troubles sont survenus, et je suis resté chez le coiffeur jusqu'à neuf heures du soir, à l'attendre, car il était sorti; j'ai même couché chez lui, car il était trop tard pour rentrer chez moi ?

D. Rendez-nous compte de l'emploi de votre temps pendant la journée du 12 ?

R. Je suis entré chez lui le matin, et je n'en ai pas ressorti, car nous sommes très-liés ensemble.

D. Qu'avez-vous fait le lundi 13 ?

R. Je n'ai pas quitté les alentours de chez moi, le quartier.

D. Vous avez été aperçu ledit jour, 12 mai, au milieu d'une bande de factieux ?

R. Non, Monsieur.

D. Avez-vous déjà été arrêté ?

R. Deux fois : une fois avec des tireurs de cartes; j'ai été une autre fois arrêté, accusé de vol; mais chaque fois je suis sorti de suite.

D. Travaillez-vous ?

R. Non, Monsieur.

D. Quels sont vos moyens d'existence ?

R. J'ai ma mère.

D. N'est-ce pas à vous à la soutenir ?

R. C'est lorsque je travaille; elle profite du profit de mon travail ?

2e interrogatoire subi par *Buisson*, le 17 août 1839, devant M. Perrot, Juge d'instruction, délégué.

D. Persistez-vous dans vos précédentes réponses ?

R. Oui.

D. Vous auriez dit à votre parent, le sieur *Richard*, que vous aviez un fusil dans votre paillasse?

R. C'est par pure plaisanterie.

D. Il a été reconnu que le fusil que vous aviez déposé au commissaire de police appartenait au sieur *Boulommier*, marchand charcutier, rue de Bretagne, n° 20, au Marais?

R. Je ne le connais pas; je ne suis pas allé chez lui.

D. Vous étiez allé de ce côté avec le nommé *Cornu*, car il déclare qu'il s'est trouvé avec vous près de la barricade construite rue de Berry, et qu'il y a entendu les insurgés crier aux armes?

R. C'est vrai.

D. Il ajoute qu'il vous a quitté rue Vieille-du-Temple, près la fontaine, et qu'il s'est retiré; que vous, au contraire, vous avez voulu rester?

R. Non. Nous nous sommes perdus.

D. C'est vers sept heures de la soirée qu'a eu lieu la fusillade du carrefour des rues Pastourelle, d'Anjou, du Grand-Chantier et des Enfants-Rouges, où les insurgés avaient aussi établi une barricade entre eux et la troupe de ligne à laquelle ils ont tué et blessé un sous-officier et un soldat. Il y a lieu de croire que vous avez fait le coup de feu en cet endroit avec le fusil du sieur *Boulommier?*

R. Je n'avais pas de fusil dans ce moment-là, et d'ailleurs je n'ai ni vu, ni entendu la fusillade en question.

D. Cornu déclare que, lorsqu'il est rentré chez lui, il a appris que les insurgés venaient d'en sortir après avoir cherché des armes?

R. C'est vrai.

D. Il paraît que vous-même vous étiez de retour avant lui, et que vous étiez arrivé à son domicile en même temps que les factieux?

R. J'étais arrivé bien avant eux.

D. Vous y aviez apporté votre fusil de munition, et vous avez fait voir à *Cornu* de la poudre qu'il a brûlée et trois à quatre balles qu'il a jetées dans les lieux?

R. C'est vrai, mais la poudre était celle du fusil; c'est le même individu qui m'avait donné le fusil et les balles.

D. Où cet insurgé vous avait-t-il armé?

R. Au bas de la rue Neuve-d'Angoulême, près la rue de la chaussée de Ménilmontant.

D. Vous aviez dit au garçon de *Cornu* que vous aviez été armé sur le boulevard?

R. Non.

D. Et vous ne lui aviez pas encore dit la vérité, car vous avez été vu débouchant de la rue Ménilmontant, armé d'un fusil et portant une giberne, ce qui prouve de plus en plus que vous veniez du Marais avec la bande d'insurgés dont vous faisiez partie.

R. Non.

D. Et ce qui donne à le penser encore, c'est qu'il y avait sur la buffleterie de votre giberne une tache rouge, qui était sans doute une tache de sang?

R. Cela est faux.

D. Il faut ajouter que le procès-verbal de déchargement des armes constate que le fusil déposé par vous au commissaire de police était chargé et que le bassinet indique qu'il avait fait feu plusieurs fois?

R. C'est vrai, mais ce n'est pas moi qui l'avais tiré.

D. Vous disiez, en parlant du garde national désarmé: *Il faut faire son affaire; pourquoi vient-il se mêler à ceux qui tirent sur le peuple?*

R. Cela est faux.

D. Ensuite, vous avez été entendu disant aux autres insurgés: *Allons rue de Ménilmontant, enfoncer la boutique du ferrailleur?* Un témoin ajoute que les autres insurgés ne paraissaient pas avoir l'intention d'y aller et que c'est vous qui les y avez entraînés.

R. C'est faux.

D. Le sieur *Boiteux,* demeurant rue de Ménilmontant, vous reconnaît pour vous avoir vu parmi les insurgés, lorsqu'ils ont envahi la rue de Ménilmontant ?

R. J'étais arrivé près le café du sieur *Boiteux* bien avant les insurgés.

D. Les insurgés se sont présentés aussi au domicile du sieur *Lelogeais,* marchand de vin, et vous vous êtes trouvé là : ainsi vous vous êtes trouvé partout avec eux ?

R. C'est faux ; je ne connais pas même le sieur *Lelogeais.*

D. Il déclare que vous lui avez offert de l'aider à fermer sa boutique, au n° 29 ?

R. Je me rappelle maintenant cette circonstance, mais je ne connaissais ce marchand de vin que sous son prénom d'*Alexandre.*

D. Quel était l'insurgé âgé d'une quarantaine d'années qui était armé d'un pistolet ?

R. Je ne l'ai pas remarqué ; il y en avait tant.

D. Il paraît que c'est une partie de ces insurgés qui, le lendemain au soir, ont assassiné près de la Galiote le sieur *Duchatellier,* qui, la veille, avait fait à votre bande de très-vifs reproches, parce qu'elle voulait tuer le garde national désarmé?

R. Je n'ai aucune connaissance de tout cela.

D. Il résulte des renseignements joints aux pièces que vous êtes un fort mauvais sujet, rôdant sur les boulevards, et vivant dans l'oisiveté ?

R. Je ne crains rien.

D. Reconnaissez-vous pour vous être applicable la note de police dont je vous donne lecture?

R. Oui, mais je n'ai pas été condamné : j'avais été arrêté injustement, je l'ai été encore une autre fois avec les tireurs de cartes qui étaient chez un marchand de vin, et on a également reconnu mon innocence.

D. Vous paraissez bien coupable ; je vous engage à tâcher d'atténuer vos fautes par la franchise.

R. Ma conscience est à découvert ; je ne dis rien de plus, parce que je ne sais pas autre chose.

INTERROGATOIRES DE BOUVRAND.

BOUVRAND (Auguste), *âgé de 26 ans, monteur en cuivre, né à Paris, y demeurant rue des Enfants Rouges, n° 5.*

1er interrogatoire subi, le 10 juin 1839, devant M. Perrot, Juge d'instruction délégué.

D. Avez-vous déjà été arrêté ou repris de justice?

R. Non.

D. Il paraît que vous avez pris part à l'attentat des 12 et 13 mai dernier?

R. Non.

D. Persistez-vous dans l'interrogatoire que vous avez subi devant le commissaire de police?

R. Oui.

D. Vous avez dit que vous aviez passé toute la soirée devant le théâtre de la Gaieté, ainsi que chez le nommé *Maître-Henry*, marchand de vin voisin, le dimanche 12 mai?

R. Oui.

D. Vous aviez invoqué le témoignage du sieur *Gérard*, régisseur de la Gaieté, et il a dit qu'il ne vous connaissait pas pour un des marchands de billets. Qu'au surplus, dans cette soirée, aucun d'eux n'avait paru au théâtre?

R. J'y étais avec les nommés *Cuisinier*, demeurant chez *Thierry*, logeur, faubourg du Temple; *Lahoche*, chez le sieur *Vial*, logeur, même faubourg, et *Antoine*, qui, je crois, reste aussi chez le sieur *Thierry*.

D. Vous avez dit que le sieur *Meyer*, directeur du théâtre, vous avait réprimandé?

R. C'est vrai.

D. Le sieur *Gérard* a dit que ce soir-là le sieur *Meyer* n'avait eu d'explication avec personne?

R. On peut le demander au sieur *Meyer*.

D. Vous avez nié avoir fait partie d'une bande d'insurgés armés, rue Ménilmontant, vers huit heures du soir, ledit jour dimanche 12?

R. Oui, je le nie encore; j'ajoute qu'en sortant de chez *Maître-Henry*, avec le nommé *Bourgeois*, nous sommes allés, à huit heures, huit heures et un quart, boire la bierre chez le sieur *Thévenin*, marchand de liqueurs, boulevard du Temple, presque en face le Jardin Turc.

D. Vous êtes reconnu positivement pour avoir été vu, le dimanche 12 mai dernier, venant de la rue Neuve-Ménilmontant, à la chute du jour, armé d'un fusil, que vous portiez arme au bras, et vous réunissant à un attroupement d'insurgés au coin du boulevard?

R. C'est faux.

D. Il paraît que cet attroupement avait arrêté un jeune homme à qui l'un d'eux tenait un pistolet sur la gorge, et, qu'en arrivant, vous vous êtes écrié: *Oui, c'est un mouchard; je le connais; il faut qu'il se justifie?*

R. C'est faux : on me prend pour un autre; ce n'est pas moi.

D. Ce jeune homme, qui est le nommé *Duchatellier*, a reçu, le lendemain, deux coups de poignard au bas-ventre. N'étiez-vous pas dans la bande d'insurgés où il a été frappé?

R. Non; j'ai été ce jour-là à la pêche dans l'île Louviers, depuis dix heures du matin jusqu'à cinq heures du soir. On peut entendre la marchande de lignes en face l'île Louviers, sur la rive droite de la Seine, qui m'a vendu des amorces; et la dame *Langlois*, fruitière, rue Pastourelle, qui m'a prêté une poêle pour faire cuire mon poisson; j'en ai même donné aux voisines. Après avoir mangé, je suis allé au théâtre de la Gaieté.

D. Faites-vous partie de quelques sociétés secrètes?

R. Jamais.

2e interrogatoire subi par *Bouvrand*, le 17 août 1839, devant M. Perrot, Juge d'instruction délégué.

D. Persistez-vous dans vos précédents interrogatoires?

R. Oui.

D. Vous avez nié vous être trouvé, le 12 mai dernier, sur le boulevard, au bas de la rue Neuve-Ménilmontant, armé d'un fusil?

R. Je le nie encore, car c'est faux; je n'ai pas quitté le devant du théâtre.

D. Vous êtes reconnu par deux témoins, 1° le nommé *Forsans*, qui dit qu'à l'heure en question il vous a vu venir de la rue Neuve-Ménilmontant sur ce boulevard, porteur d'un fusil, et ayant l'arme au bras?

R. C'est faux; vous avez dû entendre les personnes avec lesquelles je me suis trouvé, soit devant le théâtre de la Gaieté, soit chez le sieur *Henry*, marchand de vin, de chez lequel je suis encore allé chez le sieur *Thévenin*, marchand de liqueurs, demeurant du même côté, en face du Cadran-Bleu.

D. D'après les déclarations combinées des témoins entendus dans l'instruction, il paraît que vous n'êtes pas resté constamment devant le théâtre de la Gaieté, et qu'il était environ neuf heures du soir lorsque vous êtes entré chez le sieur *Henry*, marchand de vin?

R. Je suis resté constamment devant le théâtre de la Gaieté; je ne m'en suis absenté qu'un quart d'heure environ, pour aller reconduire le nommé *François Naigrier*, qui était en ribote. D'un autre côté, il était moins de neuf heures; lorsque je suis entré chez le sieur *Henry*, il ne faisait pas encore nuit.

D. Le sieur *Forsans* ajoute qu'en sortant de la rue Neuve-Ménilmontant, vous vous êtes réuni aux insurgés au coin du boulevard?

R. Je ne connais pas cela; c'est faux.

D. Il vous reconnaît si bien, qu'il rapporte les paroles que vous avez dites dans ce moment. L'un desdits insurgés tenait le pistolet sur la gorge du sieur *Duchatellier*, et vous auriez dit, en parlant de ce dernier : *C'est un mouchard ; je le connais ; il faut qu'il se justifie ?*

R. On me prend pour un autre ; je n'ai jamais tenu ce langage.

D. Mais le sieur *Duchatellier* vous reconnaît aussi, et *Forsans* et lui ont donné de vos vêtements un signalement tout à fait exact?

R. C'est bien étonnant, car lors de ma première confrontation avec le sieur *Duchatellier* par le commissaire, il a dit qu'il ne me reconnaissait pas.

D. Le sieur *Duchatellier* explique que, s'il ne vous a pas reconnu la première fois, c'est parce qu'il était extrêmement affaibli par le sang qu'il avait perdu, par suite des deux coups de poignard qu'il avait reçus dans le bas-ventre, le second jour de l'insurrection ; mais que, depuis, ayant recouvré ses forces et recueilli ses souvenirs, il lui a bien semblé que c'était vous qui étiez survenu, armé d'un fusil, qui auriez dit, en parlant de lui, que vous le connaissiez pour un mouchard du Temple, et qu'il devait se justifier. Sa reconnaissance, il est vrai, n'est pas aussi positive que celle de *Forsans;* il déclare qu'il ne pourrait pas affirmer d'une manière certaine que c'est vous, mais il ajoute qu'il le croit?

R. C'est faux, il se trompe.

D. Le sieur *Duchatellier* ajoute encore que vous avez dit que vous veniez du Temple ; qu'il y avait de la besogne de faite au Temple, et que les munitions ne manquaient pas ; qu'en disant ces mots, vous aviez tiré de votre poche des petits paquets couverts de papier blanc, qu'il croit être des cartouches?

R. Je ne connais pas cela.

D. Le lendemain 13, au soir, lorsque le sieur *Duchatellier* fut assailli près de la Galliote, et reçut les deux coups de poignard qui ont failli le faire périr, les assassins dirent : *Voilà notre mouchard de la veille ;* ce qui donnerait à penser que vous étiez parmi eux?

R. Je n'y étais pas ; je suis incapable d'une pareille action : je n'ai pas quitté le devant du théâtre de la Gaieté.

D. Ce qui prouve que cette affaire vous donnait beaucoup d'inquiétude, c'est que la fille *Pichaud*, votre concubine, et votre père, ont fait dans votre intérêt des démarches auprès du sieur *Duchatellier?*

R. Je n'en avais pas connaissance; mais comme mes parents savaient que c'était à cause de lui que j'étais arrêté, il n'est pas étonnant qu'ils aient cherché à savoir ce qu'il pouvait en être.

D. Connaissez-vous le sieur *Buisson* dit *Pieux?*

R. Non.

D. Avez-vous quelque chose à ajouter ou à modifier dans votre interrogatoire?

R. Non.

Pour copie conforme :

Le Greffier en chef,

E. CAUCHY.

TABLE ALPHABÉTIQUE

COMPRENANT

Les noms des accusés dont les interrogatoires sont rapportés dans ce volume, avec la date de chacun de ces interrogatoires.

FIN DE LA TABLE.

www.ingramcontent.com/pod-product-compliance
Ingram Content Group UK Ltd.
Pitfield, Milton Keynes, MK11 3LW, UK
UKHW021129220726
13924UKWH00004B/1982

9 782019 627850